●广东省普通高校人文社科重点研究基地“粤西教师教育研究中心”资助项目

●广东省协同创新平台“粤台教师教育协同创新发展中心”资助项目

●教育部地方高校第一批本科专业综合改革试点“小学教育”资助项目

●广东省创新强校工程“地方高师院校教、研、创‘三力型’小学卓越教师培养模式的探索与实践”资助项目

学校教育提升的引领力

XUEXIAO JIAOYU TISHENG DE YINLINGLI

丛书主编◎罗海鸥

谢文东 关敏华 王林发◎著

江蘇鳳凰教育出版社
Phoenix Education Publishing, Ltd

图书在版编目（CIP）数据

学校教育提升的引领力 / 谢文东，关敏华，王林发著.
—南京：江苏凤凰教育出版社，2016.7

ISBN 978-7-5499-5962-4

Ⅰ.①学… Ⅱ.①谢… ②关… ③王… Ⅲ.①中小学
教育—研究 Ⅳ.①G63

中国版本图书馆 CIP 数据核字（2016）第 172638 号

书　　名 学校教育提升的引领力
作　　者 谢文东　关敏华　王林发
责任编辑 雷利军　张晓兰
出版发行 江苏凤凰教育出版社（南京市湖南路 1 号 A 楼　邮编 210009）
苏教网址 http：//www.1088.com.cn
照　　排 北京世纪鸿文制版技术有限公司
印　　刷 三河市九洲财鑫印刷有限公司
厂　　址 河北省三河市灵山大口
开　　本 787 毫米×1092 毫米　1/16
印　　张 10.75
字　　数 154 千字
版　　次 2017 年 6 月第 1 版　2017 年 6 月第 1 次印刷
书　　号 ISBN 978-7-5499-5962-4
定　　价 30.00 元
网店地址 http：//jsfhjycbs.tmall.com
邮购电话 025-85406265，85400774　短信　02585420909
E - mail jsep@vip.163.com
盗版举报 025-83658579

前 言

向前，向前，再向前

谢文东，曾任湛江市第六小学校长，现任湛江市第八小学校长，荣获“南粤教坛新秀”、推动经典诵读突出贡献校长、广东省“阅读之星”优秀校长等称号。1987 年开始任教，曾经在乡村学校任教多年，教学成绩突出，先后被评为区优秀教师、区教学改革积极分子。1991 年，谢文东调入湛江市第六小学任教，先后任班主任、学校少先队大队辅导员、教导处主任、副校长、校长。2011 年，谢文东任湛江市第八小学党支部书记、校长。谢文东一直秉持苏联教育家苏霍姆林斯基“爱学生——这是作为影响他人的精神世界的教育者的灵魂，热爱每一个学生是教育者必备的道德情感”的观点，形成了独特的管理风格，得到了业界的认可。

成绩与荣誉

2006—2011 年，谢文东任湛江市第六小学校长，坚持“解放思想，文化立校，特色兴校”的办学理念。学校先后被评为全国首批“中华经典古诗文诵读实验特色创新示范校”“广东省书香校园”“广东省校本研修示范校”。

2011 年至今，谢文东任湛江市第八小学校长，确立了“承启办学，厚德育人，精益求精”的办学理念。学校被评为“广东省书香校园”“广东省青少年科学教育特色学校”“广东省诗歌教育示范学校”“全国优秀家长实验学校基地”。

一直以来，谢文东致力于教育的改革与研究，主持和参与省、市级课题多项，发表教研论文近20篇，主编校本教材4部。

缘起与追求

在童年时代，谢文东是一个非常喜欢玩耍的孩子，大人们给他取了个外号——“小贪玩儿”。谢文东虽然出生在繁华的城市，却成长在偏僻的农村，可以说，他生活的环境是比较自由、无拘无束的，这种自由的环境也间接造就了他思维的灵活性。那个年代，物质没有现在这么丰富，但是谢文东能制作出许多好玩的新鲜玩意儿，供自己和同伴玩耍。

此外，谢文东喜欢读书，特别是传统文化类的图书，阅读时甚至能达到如痴如醉的地步。一次，放学后谢文东像往常一样与小伙伴在“垃圾宝藏”里找寻“宝贝”。找着找着，谢文东就停了下来，因为他发现了一本书。书的封面虽然没有了，但是正文清晰可见，谢文东好奇地看了一下，就再也无法把眼睛从书中移开。小伙伴想拉谢文东起来，可他就像一座佛像一样一动不动地坐在那里。之后，他每天都到处找书看，书摊前、操场上总有他读书的身影。就这样，谢文东在不知不觉中看了很多传统文化方面的书，也慢慢地喜欢上了传统文化。当然，这只是表层原因。

还有一个深层原因。在六年级时，谢文东做了一件让许多人吃惊的事情——和同桌打架。大家眼中举止文明的谢文东，是绝对不会随便动手打架的。于是，语文老师把这两个人叫去了办公室，此时谢文东仍然是怒气冲冲的，手里紧抓着几张皱巴巴的纸。原来，同桌故意把谢文东心爱的书撕破了，谢文东才动手打人的。最后，语文老师批评他们不该打架，同时要求谢文东的同桌买一本新书赔偿给谢文东。是什么书让谢文东不惜为之打架？原来让谢文东如此着迷的书是《论语》。语文老师颇感意外，不仅表扬了谢文东热爱国学，还特意奖励了他一本笔记本；另外，语文老师还请谢文东在每次上课前的5分钟带领全班同学朗诵国学，如有不懂的地方，可以随时向他请教。从此，谢文东更加热爱国学了，几年下来，收获颇丰。

时至今日，谢文东依稀记得语文老师的表扬和同学的羡慕，以及带领全班同学诵读国学时的自豪。可以这么说，从那时起，国学的种子就在谢文东的灵魂中生根、发芽、成长了，这也促使他形成了“国学为本，儒雅成才”的教育思想。

经历与作为

1987 年，谢文东从师范学校毕业，来到一所乡村学校正式开始了他的教师生涯。谢文东在这所教学设备差，师资力量极其薄弱的乡村学校一待就是多年，每天披星戴月，力求做到最好。可以说，这所乡村小学，是谢文东走向“卓越管理者”的起点。

1991 年，谢文东被调入湛江市第六小学，先后任班主任、教导处主任、主管教育工作的副校长、校长。在这期间，湛江市第六小学进入高速发展时期。与此同时，谢文东还参加了多种培训和学习，无论是理论还是实践，都获得了质的飞跃。可以说，在湛江市第六小学工作的二十年，是谢文东专业升华的二十年。2011 年，谢文东调入湛江市第八小学任校长。

将近三十年的教育之路，不短；将近三十年的教育之路，不易。谢文东已经是一位优秀的校长，头戴多项荣誉光环，但他没有丝毫的骄傲自满。从教师到校长，角色的转变并没有降低谢文东对教育的热爱，也没有改变他那颗对教育事业的赤诚之心。相反，谢文东利用校长这一平台，不断探索着，创新着，进取着，继续为教育大厦增砖添瓦。

目　录

第一章

赢得即引领

在教育管理中，一个具备引领力的学校带头人，常常会给学校带来意想不到的改变。但是，如何才算是成功的引领，如何带领学校在众多学校中脱颖而出，这是很多人都在思考的问题，也是令很多人都感到棘手的问题。谢文东也曾经面临这样的问题，那么他是如何解决的？又是哪些策略帮助他在教育管理发展中抢占了先机呢？

著名教育家苏霍姆林斯基在《帕夫雷什中学》中说："一个好校长就是一所好学校。"这无疑肯定了校长在教育管理中的重要地位。作为一校之长，既是学校的引领者，也是教师队伍的开拓者。如果缺乏一位引领者，学校恐怕很难发展下去，教师和学生也很难向更好的方向发展。所以，校长要具备很强的引领力，才能带领学校不断前进。

校长对学校的领导，首先是思想的领导，其次才是行政的领导。校长应该用先进的教育思想，建设学校的精神文化，引领教师的教育理念，影响学生的思想。如果校长不先从思想出发，不注重对精神领域的引导，教育管理就很难开展。面对众多教育管理难题，作为具有引领作用的校长应该采取怎样的应对措施呢？我们来看看谢文东是怎么做的。

关于这个话题，我们要从谢文东的前任校长管理学校的经历谈起。

这位校长姓陈，陈校长刚接任学校时，学校生源基础很差，教育经费严重不足，教师待遇低下，办学条件十分艰苦，学校风气较差。于是，陈校长召开行政会议，请大家就如何改变学校现状、提高教育质量畅所欲言。

会上，林副校长发表了自己的看法。她说："学校教育质量要提高，离不开师生的积极性，大家可能还记得，上学期××中学的校长在介绍他们的办学经验时，讲到他们学校如何向管理要质量、向管理要人才……"听到林副校长讲到这件事，黄老师插话说："他们的一条重要经验，就是既重视对教育管理理论的学习，又注重对教育管理实践的反思，以理论指导实践，科学育人。"教导处梁主任接着说："他们的经验说明，办好一所学校，生源、经费、师资等固然重要，但提高教育管理水平更重要。"此时，陈校长恍然大悟，归根到底是办学思想的问题。正如狄更斯所说："可以断定，思想和身体一样，稍有过度的安逸，便会如染瘟病。"因此，陈校长决定先从引领教师和学生端正思想开始，大力进行校风建设。

但由于会上各方意见不能统一，所以并未形成具体方案。后来，陈校长又想到从学生入手进行校风建设，又因为种种原因，没能进行下去，陈校长深受打击。一年后，陈校长在遗憾中退休，对国学颇有研究的谢文东接任校长一职。

从当年的骨干教师到现在的一校之长，谢文东已经今非昔比。他认为校风建设迫在眉睫，必须尽快解决。经过多番思考，谢文东决定以国学为切入点，全面进行校风建设，让师生在精妙绝伦与博大精深的中华传统文化中端正思想，纯净风气。在不到一星期的时间里，谢文东熬更守夜地制订出了一套校风建设方案，立足实际，突出儒雅。谢文东深信通过学习国学，肯定能让校风为之一新。他又找来班子成员进行讨论修订和完善，最后，一系列围绕“国学为本，儒雅成才”思想的、完整的、详细的、具体的方案新鲜出炉。在第一次全校教职工会议上，谢文东拿出了一系列方案，请大家提意见。很多教师对新方案都给予了支持，同时提出了自己的建议。还有个别教师对校风建设方案存在不同看法，谢文东就逐个找他们交谈，征求他们的意见，最终达成了共识。其实，谢文东一心想让全校师生一起加入行动，真真正正使学校内部人人都成为管理者、人人都是被管理者。人人都努力为学校走出困境、走向辉煌出谋献策，上下一心，同心同德，便能使学校摆脱目前的困境，提高教育质量。

以“国学”建设校风，谢文东的第一个措施就是举办“古诗节”。谢文东是国学的爱好者和传播者，他认为古诗是国学最美最精妙的组成部分，应该让师生通过学习古诗感受国学的精妙绝伦。

于是，谢文东主动邀请教师，鼓励他们积极参与，并与他们一起为举办“古诗节”出谋献策。经过数月准备，一场隆重盛大的“古诗节”在学校顺利举行。“古诗节”为期一个月，一系列的活动贯串始终，有全校性的古诗文朗读比赛，也有古诗文课堂教学研讨等。这场别开生面的“古诗节”吸引了其他学校很多教师前来观摩学习，同时也引起市教研室、区教研室领导的关注，甚至还有不少市民在学校围墙外驻足观看，把整个校园围得水泄不通。“古诗节”举办得很成功，取得了良好的社会效应，国内外二十多家媒体报道了这件事。“古诗节”的成功举办更加坚定了谢文东弘扬国学的决心，同时也促使他开始思考如何将这种活动加以理论化，使之成为可以给其他学校提供借鉴的蓝本。随后，他以“诵读经典诗文——

传承传统文化的研究”为课题进行了系统的研究，并取得了显著成果：学校先后被评为全国首批“中华经典古诗文诵读实验特色创新学校”和“广东省书香校园”；教导处曾主任被评为“推动经典诵读百佳主任”；邱副校长被评为“推动经典诵读百佳校长”；谢文东本人被评为“推动经典诵读突出贡献校长”。

通过“古诗节”，谢文东收获了两点启示：一是教育管理的开展要以适合本校的思想文化入手去发展学校，引领教师，影响学生。二是要引领学校走向康庄大道，需要一个坚定不移的教育理念，需要一个引领潮流的方向，需要一个善于合作的团队。

直至现在，谢文东不管到哪所学校，在哪个岗位，都坚定不移地奉行着“国学为本、儒雅成才”的教育理念，带领全体师生走在不断进取的道路上。

毛泽东说：“没有文化的军队，是愚蠢的军队，而愚蠢的军队，是不能战胜敌人的。”这无疑强调：一个团队、一个整体若想拥有强大的生命力和战斗力，就需要有一种积极向上的、优秀的文化作为支撑，否则就是一盘散沙，团队的生命也就无法延续下去。关于文化支撑团队发展的例子不胜枚举，就拿企业来说吧，大部分优秀公司都很重视企业文化。美国兰德公司、麦肯锡公司、国际管理咨询公司的专家通过对全球优秀企业的研究，得出结论：世界500强胜出其他公司的根本原因，就在于这些公司善于给他们的企业文化注入活力。这些一流公司的企业文化同普通公司的企业文化有着显著的不同，他们最注重四点：一是团队协作精神；二是以客户为中心；三是平等对待员工；四是激励与创新。在大多数企业里，实际的企业文化同公司希望形成的企业文化出入很大，但对那些杰出的公司来说，实际的企业文化同理想的企业文化差异不大，员工对公司的核心准则、价值观遵循始终如一，这是这些公司得以成功的一大基石。

好的企业文化对经营有直接的推动作用，失败的企业文化则会对经营产生巨大的负面影响。失败的企业不是没有文化，而正是其不好的文化导致了失败。

高明的管理就是以先进的思想引导人的发展，以积极向上的文化引领人的行为。谢文东儿时读过的一所学校，设备非常先进，硬件建设优越，很多家长都认为教学条件这么好，教学质量也差不到哪里去。但实际上这所学校不重视文化建设，导致学风懒散，教风松散，家长意见非常大。可见，衡量一所学校的好坏，不是看它硬件设施有多强，而是看它的文化氛围和人文环境。因为，教育管理就像做人一样，首先要端正自己的思想，要有积极向上、光明磊落的正确思想，否则，即使校园修建得再漂亮，设备再先进，对于教育教学质量的提高，对于孩子的成长也无济于事。

我们正处于一个不断倾向精神追求的时代，如果文化水平良莠不齐，就会给孩子带来不利的影响。谢文东认为，首先国学博大精深，国学教育应从孩子抓起，在孩子幼小的生命中播下国学的种子；其次，建设学校文化需要谨慎三思，切莫忽视学校的实际情况。

引领箴言：学校谋发展，狠抓校园文化少不了，但校园文化这种东西，不能简单模仿，而应根据实情。

谢文东在这方面做得很好，他深知传统文化的重要性，以至常常忘我地投入工作的创新中，力求处处存在文化，时时感受文化，人人享受文化。

在力求学校发展的今天，加强文化建设是关键。越是想学校的发展蒸蒸日上，越是要从文化层面入手，否则所有的教育管理都是空谈。那么，为了学生的全面发展，为了学校走向更美好的明天，谢文东运用了哪些高超的策略呢？

策略一　抢先，抢先，抢占先机

有两个关键点足见谢文东抢占先机的策略。

第一个关键点：校园文化。谢文东曾说过这么一句话："情因境而生，学因境而成。学生在潜移默化的环境中很容易受到影响，建设一个文化氛围浓郁的校园文化环境，能够促进学生的快乐健康成长。"谢文东的校园文化建设主要从精神文化、环境文化、活动文化、家校文化、管理文化和课程文化六个方面进行。

在环境文化建设方面，谢文东力求打造儒雅校园。儒雅校园环境文化的打造包括大环境和小环境两部分。大环境如操场、广场等由学校统筹打造；小环境如教室、走廊等则由班级师生共同打造。在大环境方面，学校先后打造出"六个一"工程，分别是一个"八匙广场"、一道"孝道壁"、一个"三立圆"、一幅"六艺廊"、一道"文化墙"、一个"翰墨苑"，其中，"八匙广场"和"孝道壁"别具特色。"八匙广场"是把原来的升旗台改造成一把古代钥匙模样的升旗台，意为师生要掌握学习的钥匙、知识的钥匙、合作的钥匙、智慧的钥匙、关爱的钥匙、心灵的钥匙、成长的钥匙、成功的钥匙。"孝道壁"则是把厕所前面的一堵墙改造成具有传统特点的牌坊，正面配上流水，突出"百善孝为先，孝道通天下"的主题，向师生提出"孝是幸福，孝是分享，孝是宽容，孝是耐心，孝是珍惜，孝是尊重，孝是思源，孝是感恩"的要求。之前，厕所正门面对学校大门，很不雅观，经过改造后马上就"化腐朽为神奇"，古典风韵扑面而来。经过改造，大环境变得优美、舒适，充满书香味，学生举手投足无不彰显"儒雅之气"；小环境更是玲珑别致，文化味洋溢，每班教室门口都设有"班级名片"，教室内外花香缕缕，走廊阳台诗情画意，集人文性、科学性、趣味性为一体，可以让师生沉浸在浓厚的教书育人氛围中，快乐健康成长。

在管理文化建设方面，谢文东坚持以"以人为本""以生为本"的管理思想为先导，以科学的管理制度为保障，以灵活的管理方法为手段，以人文的管理过程为关键，建设以"幸福"为主题的管理文化。经过研究，他取消了执行已久的点名制度，换之晨运，深受教师欢迎。

美国社会学家戴维·波普诺曾说过："文化是人类群体或社会所共享

的产品。”在复杂的校园管理中，文化是作为维系全校成员共同发展的核心力量存在的，管理者需要重视文化对师生潜移默化的作用，使文化洋溢于校园。大家都知道，每所学校或多或少都会有自己的文化，但每所学校的校园文化又不一样。其实，阻碍学校发展的致命点不是学校缺少文化，而是学校缺少属于自己的独有的文化。任何事物都有自身特别的地方，我们需要在自己的过人之处下功夫。谢文东根据学校的地方特点、历史情况建设校园文化，使学校展示出了最独特的凝聚力和别具特色的文化味。这里要提醒教育管理者，当不知道如何建设自己的校园文化，而他校的想法特别多时，我们该怎么办呢？办法很简单：想方设法展示本校最淳朴的一面。因为，当一个人吃过山珍野味、美味佳肴后，你再摆上一桌所谓的丰盛大餐，可能也不会引起他的食欲；而如果你拿出最质朴、最独特的乡土果蔬，做几个家常小菜，反而会让他喜欢。同理，在学校的文化建设中，选择最真实、最独特、最适合自身发展的文化才是最可取的，才能获得最大限度的认可。因此，谢文东对本校的儒雅文化加以发展，以儒雅引领学校、引领教师、引领学生发展。

引领箴言：在文化联结紧密的学校中，选择最真实、最独特、最适合自身发展的文化才是最可取的，才能获得最大限度的认可。

第二个关键点：校本研修。新一轮的课程改革给大家带来了新理念、新挑战，教师专业发展显得越发重要。而谢文东也坚信，要想在教育管理中抢占先机，只顾校园文化是不够的。因此，他决定抓住这个时机，引领大家做校本研修，提高专业水平。这既能解决教育教学中的具体问题，又能促使教师在解决问题中提高自己，最后达到提高教育教学质量的效果。

谢文东的这个想法，最初遭到部分教师的不理解。于是谢文东便耐心向大家解释，邀请大家一起投入到校本研修的活动中来。谢文东知道，对于学校做出的决定，教师虽不敢公然反对与违背，但是，他们有抵触情绪也不利于学校工作的开展。于是，谢文东就主动邀请大家提出建议，以便把校本研修的工作做得更好。

引领箴言：你做决定但不要强硬地执行，试着欢迎和鼓励大家一起参与进来，慢慢地，他们便会支持你的想法，为你的工作献计献策，最后成功实现最广泛的传播，这样既能鼓舞本人，又能引导大众。

谢文东在引领大家做校本研修的同时，先后主编了《国之学》《外之语》《数之乐》《32个好习惯》等校本教材，并出版了《礼仪之行》等著作。谢文东坚持带领师生早上诵读《国之学》，令师生沐浴在优秀传统文化的阳光中；下午诵读《外之语》，让师生接受外语口语训练；课余借助《数之乐》开展趣味数学思维活动；平常结合《32个好习惯》培养学生形成8个成长好习惯、8个礼貌好习惯、8个阅读好习惯和8个学习好习惯；落实每天一书一读一抄，每周一诗一练。

谢文东身上具备成为领导的特质：待人亲切，对学生、教师、家长和善；他从来不是强迫谁去做事，而是吸引着别人去做，使之向着他引领的方向进发，这就是谢文东特有的魅力。鲁肃和周瑜是两个著名的历史人物，他俩在同朝为官之前，还有一段鲜为人知的故事。

三国争霸之前，周瑜的人生并不得意。他曾在袁术部下担任一个小小的居巢长，相当于一个小县的县令。

当时恰逢地方上闹饥荒，收成不好，粮食问题日渐严峻起来。居巢的百姓没有粮食吃，活活饿死了不少人，军队也失去了战斗力。周瑜心急如焚，却不知如何是好。

有人献计，说附近有个乐善好施的财主鲁肃，他家素来富裕，想必囤积了不少粮食，不如去向他借。

周瑜带上人马登门拜访，寒暄过后，周瑜对鲁肃说：“不瞒老兄，小弟此次造访，是想借点粮食。”

鲁肃一看周瑜仪表不凡，思量他以后必有一番作为，心下有意结交，便哈哈大笑说：“此乃区区小事，我答应就是。”

鲁肃亲自带周瑜去查看粮仓。这时鲁家存有两仓粮食，各三千斤，鲁肃痛快地说：“也别提什么借不借的，我把其中一仓送与你好了。”

周瑜及其手下一听鲁肃如此慷慨，都愣住了。要知道，在饥荒之年粮食就是生命啊！周瑜被鲁肃的言行深深感动了，两人就此成了朋友。

后来周瑜当上了将军，也没有忘记鲁肃的恩德，将他推荐给了孙权。鲁肃终于得到了干大事业的机会。

在别人濒临饿死时送一只萝卜和在别人富贵时送一座金山，给人的感觉是完全不一样的。前者是急需之物，能够决定生死，无疑更让人感恩于心。

汽车业的经营奇才亚科卡曾说：“所谓经营，无非是一种人际关系的网络而已。”

其实，不管是经营事业，还是经营人生，都不过是一种人际关系的网络。你把人际关系搞得好，到处有人相助，自然成功。大凡成功人士，都善于放“人情债”，到处播撒人情的种子，这是他们人际关系畅通、事业有成的一个重要因素。

鸟井信治朗是日本三得利公司的董事长，深受部下爱戴，员工都称呼他“父亲”，因为他对部下确实有如慈父般温暖。员工有困难，鸟井信治朗总是尽心尽力地给予关怀和帮助，就像父亲对待自己的儿女一样。

有一次，新职员作田的父亲不幸去世。作田不想让同事知道自己家有丧事，以免麻烦大家。但在出殡当天，鸟井信治朗率领三得利的全体员工到殡仪馆帮忙来了。鸟井信治朗还像死者的亲属一样，站在签到处，对前来祭拜的人一一磕头答礼。

丧礼结束后，鸟井信治朗对作田说：“没有车子，你和伯母如何回家呢？”说完，立刻跑去叫了一辆计程车，亲自送作田和他的母亲回了家。

后来，作田当上主管后，常对部下提起此事，并说：“从那时起，我就下定决心，为了老板，即使牺牲性命也在所不惜。”

世界上任何重要的事情，都是人的事情，只要把人打理好了，则无事不成，你种下人情，将收获成倍的人情。

有些领导，无等级观念，待人平等友善，整个团队都愿意为他效力，事情就会越办越顺利。谢文东就是这类领导的典型，与他一起工作没有压迫感，而且下属都愿意和他一起工作。那么，谢文东究竟因为什么而获得了各方面的支持呢？我们从中又能得到怎样的启示呢？

有一次学校修建厕所。厕所原来的正门面对学校大门，很不雅观。谢文东决定把厕所前面的一堵墙改造成具有传统味的牌坊，命名为孝道壁，正面配上流水，突出“百善孝为先，孝道通天下”的主题，向师生提出“孝是幸福，孝是分享，孝是宽容，孝是耐心，孝是珍惜，孝是尊重，孝是思源，孝是感恩”的要求。这些极具人文气息的文字，谢文东打算用电脑特效弄出来再点缀到上面，有一位美术教师听到这件事，就毛遂自荐领了这项任务，并提出由自己来书写。谢文东知道这位教师的书法很不错，就同意了他的意见。后来这位教师常跟大家说：“这是我的作品。”自豪之情溢于言表。谢文东认为，大家肯为学校献策献力，何乐不为呢？

为建设“六艺廊”，谢文东绞尽了脑汁。一位教师大胆向他献策，说各班正在开展《诫子书》的学习，学生普遍认为这本书对自己很有启发，建议以《诫子书》作为“六艺廊”的主要内容。谢文东深表赞同，还将《诫子书》的排版工作交给了这位教师。建成后的“六艺廊”，古典风韵扑面而来，尽显校园文化。“六艺廊”的环境优美、舒适，充满书香味，集人文性、科学性、趣味性为一体，正所谓“情因境而生，学因境而成。”这么一来，师生沉浸在浓厚的教书育人氛围中，得以快乐健康成长。“六艺廊”建成后，这位教师拉着全班同学一起拍照留念。师生看着自己的成果，笑得都乐开了花。

谢文东不但获得了师生的鼎力支持，还得到了家长的大力支持。谢文东主编《悠悠古部赤坎情》一书，这是一本极具地方特色的校本教材。在策划本书时，一位家长听说后，就自告奋勇来提供资料，他说自己在这里土生土长，对这里非常熟悉，愿意为自己家乡的文化传承做一些努力。这本书出版后，反响强烈，甚至引起了市政府的重视，市政府随后决定出台政策，对这些文化古迹加以保护。

从师生主动协助，到家长大力帮助，我们不难看出，谢文东做事有两个优点：一是乐于采纳别人的良言，尊重他人，悦纳别人，没有一味按照自己的意愿行事；二是敢放手让大家去做事，信任他们的能力，做到统揽不包揽，放权不放任。我们中国人说“兼听则明，偏信则暗”，意思是应广泛地听取多方面的意见。若不听信他人意见，常常导致恶果。不信，我们一起来回顾一下历史：项羽不听范增的话，鸿门宴时手下留情，未杀刘邦，结果乌江自刎，上演了一出霸王别姬；隋文帝杨坚不听大臣之言偏信独孤皇后，废太子而立杨广，招致全国性的农民起义，最终导致隋朝灭亡；唐肃宗不听宰相李泌良谋，乘胜追击安史叛军，而是一意先取长安、洛阳，急功近利，致使“安史之乱”遗祸良久，中唐、晚唐动荡纷繁。要使一个团体有所发展，靠一个人的力量肯定不行，必须要靠集体的智慧来推动。谢文东做到了这点，他随和谦逊，集思广益，所以很多学生、教师、家长都主动地向他提建议，愿意共同为办好学校而努力。

谢文东在采纳别人的意见时又不失自己的想法，从不随波逐流。因为，作为一校之长，要想引领全校师生走向更好的明天，就必须有自己的主见，所以他不断提高自身的专业水平和文化修养。谢文东在工作之余总会挤出时间读书，他认为读书就是一种享受。《南怀瑾选集》给谢文东的印象最深刻，这套书给了他无穷的灵感和智慧，打造儒雅文化的不少想法都来自于这套书。

谢文东之所以能未雨绸缪，抢占先机，有以下两点原因：第一，他善于向其他学校的校长吸取经验，取长补短；第二，他善于分享自己的经验，通过与别人交流使自己的理论更为完善。

谢文东的儒雅教育追求“细雨湿衣看不见，闲花落地听无声”，这一点非常符合他做人的风格——低调，这是一个有内涵的人做事的基本原则。在低调中抢占先机，引领大家从一个台阶迈向另一个台阶，谢文东打造的富有特色的儒雅文化，成为湛江地区的品牌。几年以后，当全国开始大规模兴起“国学”热潮时，谢文东他们已开始向另外一个高峰冲击了。

策略二　引领潮流不可不知的法则

谢文东上任后，一心想将学校打造得既有传统韵味，又有现代气息。为了实现这个目标，谢文东决定从细节着手。比如，大家见面远处招手，近处点头；学生见到教师站立行礼，教师含笑回礼；等等。不过，学生天性调皮，发生磕磕碰碰是难免的，由礼仪引发的事件，就有这么一次。

一次，两位学生玩着玩着就打起架来，一位学生被打得鼻血直流。班主任知道后，想也不想，马上请来双方家长。班主任由于年纪较轻，欠缺经验，再加上希望尽快解决竞争，因此，处理这次意外的方式过于简单直接。双方家长都不满意班主任的处理方式，就把情况反映给了谢文东。谢文东了解情况后，并没有马上找这位班主任谈话，而是温言安抚双方家长，并把两位学生叫到办公室，告诉他们同学之间要互谦互让，珍惜友谊，并教育他们以后要注意安全，最后两个学生握手言和。后来，谢文东与这位年轻班主任进行了一次“零距离”的谈话。谈起之前学生打架的事，这位老师不由得低下了头，羞愧地说：“是我自己太年轻气盛，希望班上的孩子都乖乖听话，出了事之后，太急于解决了，没有顾及家长的感受，我以后会注意的。”谢文东微笑着说：“没关系，我年轻的时候也这样，下次注意有什么事情先别冲动，静下心来想想，要是真想不出好办法，尽管来找我，我们一起解决。”这位教师很是感动，原本是自己的错误，不仅没有得到半句批评，反而得到校长莫大的安慰。对于年轻、性子有点急的教师，谢文东总会提醒：年轻是你的资本，年轻也会使你的性子有点急，在以后的工作中应该尝试放慢步伐，改变一下解决问题的方式，否则会适得其反。而对于性子较慢的教师，谢文东则会善意提醒：要抓紧时间做事，否则会变得很被动。

为了群策群力，谢文东设立了论坛，每位教师都可以在论坛上向校长提出建议。一次，谢文东在论坛上以“七彩雷锋”为主题与大家交流，希望将学雷锋活动常态化，在学校营造“人人学雷锋，天天学雷锋，日日做好事”的氛围。而每天的主题是什么呢？大家都踊跃地提出自己的想法，不遗余力地为此活动献计献策。最终谢文东从中选取了七个极具特色的主题：周一是红色雷锋日，其主题是“爱心助人”；周二是橙色雷锋日，其主题是“感恩思源”；周三是黄色雷锋日，其主题是“自爱自律”；周四是绿色雷锋日，其主题是“低碳环保”；周五是青色雷锋日，其主题是“友好礼让”；周六是蓝色雷锋日，其主题是“自信自强”；周日是紫色雷锋日，其主题是“敬老孝亲”。这七个主题的确定使学习雷锋活动以焕然一新的面貌出现在全校师生面前。

其中，上文提及的那位年轻的班主任在对学生冲突事件进行反省后，向学校建议开展一个关于礼仪方面的主题活动。谢文东听了以后认为很有必要，这样的活动可以使学生之间减少矛盾、冲突。谢文东采纳了这位班主任的建议，还请他负责特色德育活动——“七彩雷锋日”活动的青色雷锋日。为了将活动落到实处，谢文东发动大家积极讨论实施方案，这样持续了一个月，最后敲定了所有内容。虽然有累有苦，但是大家都没有抱怨，因为这些劳累为的是给学生打造出一个适合他们发展的儒雅环境，创建一个极具特色的儒雅校园。

在开展活动期间，谢文东还邀请家长参与其中，一睹学生学习雷锋的风采。教师和家长为培养儒雅学子达成了更大的共识，拉近了彼此间的距离，教师也对学校更加信任。有的家长反映，孩子原来表现欠佳，现在在儒雅文化的熏陶下变得乖巧懂事了；有的家长认为，在儒雅文化下学习，对孩子的成长将产生积极的影响。这一活动，谢文东办得有声有色，细细想来这其实有赖于他善于发现团队的能量，善于激发团队的斗志，善于运用团队的智慧，善于挖掘团队中所蕴含的惊人力量。

从谢文东身上我们可以学到促进学校整体发展、团队进步应遵守的三条法则。

第一，引领一理念。办校理念决定了办学方向，要想成为优质学校，必须要有与时俱进的理念来支撑，即具有时代性、前瞻性、创新性和发展性。

现在应该说许多优质学校都把中外先进的教育理念与本校的实际结合起来，确定了具有本校特色的理念。往往一所学校出名，并不是取决于这所学校的办学设施和师资条件，而是取决于它的理念。我们一说到学校环境创设就会想到某某知名学校，一提到某某知名学校就会想到该校富有特点的办学理念，就像我们提到某一句名言就会联想起某个名人一样。所以说，理念就是思想，而思想就是灵魂。有了正确的理念，才能创办出优质的学校。

第二，引领二特色。特色是出奇制胜的法宝，鹤立鸡群才容易被发现，如果鹤与鸡一样普通，那鹤也就不会受到过多的关注了。同样，一所学校只有办出特色，才能在众多的学校中脱颖而出，才可能得到长远的发展。谢文东在多年办学经验的基础上提炼、升华，形成了自身的两个特色。首先，内容特色。谢文东确定了办学目标后，充分发挥目标的引领作用，集中资源建设儒雅文化，一步一步地迈向目标，实现愿景。其次，形式特色。谢文东通过各种创新的形式去突出内容特色，为学校的发展创造丰富的条件，增强学校文化的丰富性和灵动性，使学校发展不拘泥于一种形式。例如上文提及的学雷锋活动，你看这是“老掉牙”的内容吧，谢文东却创设出不同主题形式的“七彩雷锋日”，给人焕然一新的感觉。

第三，引领三绝招。第一招：掌握学校实际情况，立于不败之地。谢文东根据学校的实际情况与办学理念，致力于建设儒雅学校。他通过掌握学校实际情况和社会要求，引领全校师生不断迈上新台阶。第二招：看势引领，识时务者为俊杰。谢文东结合新时代的要求，为教师提供多种提升的途径，致力于引领儒雅教师，促进他们专业成长。第三招：理念制胜，锤炼真正人才。谢文东致力于引领儒雅学子，严格进行课堂教学改革，通过各种方法让学生从活动中受益，得到真正的提高。

谢文东做到了以上几点，所以他在教育管理中就抢占了先机。谢文东虽然遇到了好几次管理危机，但都平稳度过了。

第二章

把握好引领的方向

当一个团队面对挑战或变化时，常常会因为巨大的压力而出现自乱阵脚的情况。

比如说，一些教师经常因为新课改的冲击而担忧，继而心慌意乱，这样的人多了，就容易让团队陷入混乱的状态。作为管理者，如果不能及时发现并找到解决办法，就会导致人心惶惶、纪律散漫、效率低下等不良后果，这将极大地影响团队的建设。因此，当出现这样棘手的问题时，领导者首先要站出来稳定“军心”，引领方向。在这方面，谢文东做得很出色。在多年的教育管理中，谢文东掌握了一整套切实可行的有效方法，屡屡付诸实践，并取得了非常好的效果，引领学校走向了一个又一个高峰。那么，谢文东在把握好引领的方向上究竟有哪些良策可供我们借鉴呢？

“不怕巨浪高，只怕桨不齐。”做大事必须得团队合作，但更重要的是要方向一致。不怕没有团队，就怕队员心不齐。一个成功的团队，它从最开始就有自己明确的方向；同理，一个失败的团队，它从最开始就可能迷失了自己的方向。目标、方向、合作，是一个团队成功的必要条件。在学校发展中，如果大家对最初的方向都不坚持的话，那肯定就没有未来了。

那年，谢文东被调入另一所学校担任校长，那年对于谢文东来说，是特别漫长的一年。该校是一所有着六十多年发展历史和优良办学传统的学校，教学设施完备，教师队伍整体水平比较高，教学风气良好，生源数量充足而且比较稳定。但是，近几年随着新一轮教学改革的开展，一些学校盲目借鉴国外一些教学模式，照搬一些名校的办学特色，以此作为教学改革的途径，这把谢文东搞得很郁闷，因为周边学校的“教学改革”如火如荼，而自己的学校不动声色，这使很多教师在工作中产生了迟疑和散漫的想法。谢文东深深明白，教师一旦不理解真正的教学改革，不清楚教学改革的趋向，就容易产生错误的想法，轻则跳出来闹事，重则跳槽。他认为，要想让全校教师坚信原来的教学改革方向，不乱阵脚，就需要找准时机稳定人心。于是，谢文东多次召开教师会议，向大家说明学校现在的教学改革方向是对的，劝大家不要浮躁，不要盲目，不要动摇。谢文东很想按原来的节奏稳步推进教学改革，但是大环境不容他如此，不久就给了他一个“狠招”。

这一天，谢文东正忙着处理学校事务，办公室主任进来报告，说某学校特邀他和主要干部观摩其教学改革活动，而且给谢文东带来了礼物。礼物用一个盒子装着，里面是一张宣传光盘，上边还放着一封亲笔信。其实，该学校这一举动的意思是说，教学改革如火如荼，你们不能再坐以待毙了，看看我们的成果吧！这明显是一种挑衅。

听闻此事后，大家都急了，这对谢文东来说简直是“雪上加霜”。谢文东当然知道学校要发展就要深入进行教学改革，只不过原订的教学改革计划才刚起步，再进行改革并不是时候。但教师们不明白这个道理，他们在“一哄而上”的冲击下，难免会为了追求“赶新”而产生从众效应。

如今，谢文东面临的选择就是“跟风”还是不“跟风”。从理论上讲是不“跟风”，否则自己学校的原订计划将前功尽弃。但是，如果不“跟风”必然会损害教职工的积极性，使大家对未来失去信心。这回真是进退两难，对方等于告诉谢文东，你若现在开始改革一定赶不上我，你若止步不前更是一败涂地。不过谢文东不是平庸之辈，他最大的长处就是能在被动的情况下找到出路，稳住阵脚。人在随波逐流中变换旗帜，容易；可是要在随波逐流中坚定步伐，找准出路，不易。在这一点上，谢文东确实值得我们佩服。

引领箴言：人在随波逐流中变换旗帜，容易；可是要在随波逐流中坚定步伐，找准出路，不易。

其实，从众效应的原理很简单，就是在人们的想法动摇时，诱使人们上钩。一个人在犹豫不定的时候，往往会行为失控，决策混乱。心理研究早就发现，人一旦有了不良情绪，决策质量和行动质量都会明显下降。

面对教学改革的五花八门，谢文东就一招——坚定不移地扎根。谢文东通过这个策略来保证自己不掉到危险的境地里去，我们管这叫“树根理论”。在复杂的形势下，如果当前形势判断不清，分析不透，就执行这个最基本、最安全的策略。谢文东实际上就是利用了这种策略击退了教学改革冲击下的从众效应。

何谓“树根理论”？根深才能叶茂，一棵大树之所以能枝繁叶茂是因为它深深扎根于沃土。然而一些大树虽然具有郁郁葱葱、果实累累的美好外表，如果大树的根部已经烂掉或者即将烂掉，那么眼前的这些繁荣很快就会烟消云散。深深地扎根对于一棵树来说是最重要也是最珍贵的。

“树根理论”告诉我们，评价一所学校是否具有竞争力，不是看这所学校取得了多少称号或者举办了多少活动，而是要看这所学校有多丰厚的底蕴。如果将一所学校比作一棵大树，那么坚定发展学校自身的内涵就是坚固这棵大树的根，也就是坚固学校的生命之根。一所学校短暂的辉煌并不能说明其有足以制胜的竞争力，学校一定要精心培植自己的根，不应随便动摇，这样才能让自己的根越来越深，越来越有生命力，也只有这样才能在以后可能遭遇到的种种风浪中挺立不倒。这个树根策略简单可靠，也可以随时付诸实践，需要调动的资源少。在复杂的工作当中，你坚定了方向后就应该深深扎根，不动摇，这样才能保证当你乱了分寸、看不清形势的时候，有一个安身立命的保证。

谢文东的树根策略就是不管别人怎么变、怎么改，不随意因别人的改变而改变，要有自己的想法和主见。谢文东在教学改革的冲击下使用此招很是管用。这就是谢文东的高明，使用单个的招数稳住基本。

不过，现在有一个新问题：虽然谢文东没被从众效应击中，但他的下属被击中了。谢文东虽然深知可以继续使用“树根理论”的策略发展学校，但是他必须要考虑一个问题：在不跟风的情况下，如何既不伤害下属的积极性，又不影响自己的威信？

富有进取精神的教师期待校长能尽快拿出教学改革方案，如果校长动作慢了，他们就会牢骚满腹，觉得校长没能耐、缺乏魄力。这个问题解决不好必然会影响团队士气，不利于工作的开展，怎么办？

谢文东在坚持不凑热闹的同时，采取了三个策略，来把握好引领的方向。

策略一　理思路，“做好首个决策”

面对教学改革风暴，谢文东第一个站了出来。他镇定自若，当众表态：我们要坚定自己的教学改革方向，像树根一样深扎土壤而不倒。

谢文东的表态让大家心里很有底。学校根据素质教育和学生需要，确定了“承启办学，厚德育人，精益求精”的办学思路。制订学校发展规划，已是许多年来的要求了，但真正能制订一个切实可行、行之有效，科学而又前沿的规划，并不那么容易，而谢文东做到了。无论是在前任学校，还是在现任学校，谢文东都十分重视学校发展规划的制订。

在制订学校发展规划时，谢文东总是先思考，再做调研、出初稿，然后发动全校讨论、深入分析，最后在听取多方意见的基础上，确定办学思路。谢文东带领团队一起分析学校现状、凝练办学理念、确立办学目标、理顺办学思路、选择办学策略、找准办学要点、确定办学措施……尽可能地将宏观、中观、微观统一起来，将过去、现在、未来统一起来，将理念、思路、策略统一起来。

于是乎，随着办学思路的确立形成了以成长、诚信、快乐为关键词的德育活动，以多样、丰富、体验为关键词的课程体系，以高效、互动、合作为关键词的课堂教学，以精神、负责、多能为关键词的教师团队，以善思、实证、创新为关键词的教育科研，以规范、人性、开放为关键词的教育管理，以整洁、优美、和谐为关键词的校园环境。因此，从长远来看，随意改革不易，也不该。

如今，谢文东为了尽可能让团队认识、肯定、支持原有的办学思路，便将办学思路与实践活动相融合，例如，打造儒雅课堂时，他深入一线，带领各位教师前去观摩其他教师的课。为了让教师深入了解儒雅课堂，谢文东鼓励大家进行多样尝试。大家都很喜欢谢文东去听课，因为他对教学的精彩与不足之处总是点评得很到位。许多教师对他说：“谢谢校长，您想到的这些我怎么就没想到?”谢文东说，其实自己并不比谁聪明，读的书也可能没别人多，关键是理性认识深浅的区别。

谢文东不仅要处理繁杂的学校事务，而且要深入一线，和大家一起备课，一起研究，遇到问题一起解决，并把每一次研究都当作学习和积累的过程。谢文东还从管理者的角度观察整个教学活动，更加深入明确办学思路，使现状与发展结合、目标与行动切合、概念与理念缜合、特点与特色吻合，更好地从根本上推动学校的发展。

通过这些事我们可以看得出来，谢文东用心良苦，他总是集思广益，谋划运筹，既能仰望星空，又能脚踏实地。谢文东一方面努力明确办学思路，稳定士气；另一方面又通过深入讨论来促使大家认识、肯定、支持办学思路，使团队避免陷入“热改革”中。暂时稳住了士气之后，谢文东又使用了第二个策略。

策略二 搞协调，“做好首次沟通”

谢文东总带着一颗热爱之心、宽容之心、平等之心对待学生、同事和家长。学校里有一名智力存在问题的学生，虽然学习跟不上其他学生，但是心态非常乐观。这位学生每天午饭的时候都做一件事——跑到校长室提醒谢文东已到午饭时间。谢文东很享受这位学生的关心，常常大力表扬他，有时摸摸他的头，有时拍拍他的肩膀，鼓励他不要放弃生活。这位学生的家长知道后，亲自跑到学校向谢文东致谢。谢文东只是淡淡一笑，回应道：“这没什么，关心学生是我应该做的事。”

一次，一位老教师未能把学生之间发生的冲突处理好，导致其中一个学生受伤缝了十多针，家长知道后闹到学校来了。谢文东没有立即批评这位教师，而是跟她说：“由我来处理这件事。”谢文东找到家长，首先就学校工作的疏忽进行道歉，恳求家长原谅；接着告诉家长，孩子间磕磕碰碰总是难免的，不要因一次意外而让两个孩子产生矛盾，损坏彼此间的友谊，相反应该以此作为教训，教育孩子避免再犯类似错误。家长听了谢文东的一番话，最后原谅了那个教师。谢文东一处理完家长这边的事情，马上返回那位教师那里，批评她未能及时制止突发事件的发生，要求她吸取教训，防止类似事情发生。同时，谢文东鼓励该教师放下包袱，鼓励她以最佳的状态投入到工作当中。那位教师非常感谢谢文东帮她解决了一件非常棘手的事。

在谢文东身上发生的这样感人的事特别多，他的行为像一场场滋润着大家心田的细雨，像一颗颗能折射出其品行兼优、锐意进取的珍珠。谢文东全身心投入教育事业中，他疼学生、亲同事、敬家长，深深赢得了大家的敬重和爱戴。谢文东把学校当作自己的家好好地爱护着，对待同事就像对待自己的家人一样亲切友好，对待学生就像对待自己的子女一样体贴入微。

谢文东为什么如此重视与学生、同事和家长的沟通呢？有人说谢文东是做作，故弄玄虚，其实不然，谢文东自有他的道理。因为他发现，按道理，许多校长以自己所处的位置和自己积累的知识，管理一所学校应该不是问题，但为什么管理不好呢？这说明他们没有整合好各方的力量。所以，谢文东“不谈能力谈沟通”，使用同理心去和学生、同事、家长沟通，把他们的力量汇合起来用于办学。

办学不是单打独斗，谢文东把学生、教师和家长的力量整合起来，形成教育合力去发展学校，这一点很高明。而要取得他们的支持，就需要同理心。何谓同理心？就是指能站在对方立场上设身处地思考，在人际交往过程中，能够体会他人的情绪和想法、理解他人的立场和感受，并能站在他人的角度思考和处理问题。

现实生活中所说的“人同此心，心同此理”，强调的就是同理心。无论在日常工作还是平时生活中，凡是有同理心的人，都是善于体察他人意愿、乐于理解和帮助他人的人。这样的人最容易受到大家的欢迎，也最容易得到大家的信任。不管是东方文化还是西方文化，都把同理心作为一种思维方式和道德标准去对待，而没有从个人发展与成功的角度去阐述同理心的重要性。心理学家认为，同理心既是人际交往的基础，也是个人发展与成功的基石。社会学家发现，同理心是人的社会化的一个重要环节，而社会化则是一个人发展与成功的前提。

最近国外出版的一些著作大力论证同理心是人类进步的主要驱动力，人类要想继续生存，需要更多的同理心。有的观点希望我们能够“在情感上加入全球大家庭”。也有的观点则呼吁人们大踏步取得“全球性的同理心意识”，认为这是将世界从环境破坏中拯救出来的最后希望。这些作者对同理心做了大量容易理解的学术阐释，也都顺应时代精神，将同理心的提升作为人类难题的终极解药。

在我们的日常生活中，也有很多能够有效运用同理心的例子。比如，两个个体要组成一个家庭，如果彼此没有必要的同理心，那夫妻间肯定两天一小吵，三天一大吵，闹得不可开交。婚姻生活中所需要的同理心可能更细节化一些：对方工作劳顿，在床前留一盏灯，给他煲一碗汤；下雨天给对方送把伞；对方生病时，温柔地煎药护理。如果伴侣在外面遭遇了不愉快，一方也可以做对方的“减压阀”，鼓励对方把不快讲出来，然后传递自己的理解，无形中降低了对方的心理压力；意见不合时，双方也并非必须达成共识，只要接受差异，保持各自的特点和看法，懂得为自己和对方都留下空间便好。这就是同理心的作用。人与人之间相处的时候，就应该尝试用同理心去为别人考虑。

另外，在处理一些职场事务时，也需要同理心。例如，一位顾客买回去的上衣褪色，把他的脖子都弄黑了。售货员甲还没有等这位顾客说完就打断了他：“我们已经卖出了数千件这样的衣服，你是第一个说褪色的人。”（暗示顾客不诚信，刁钻）售货员乙说，所有的黑色衣服都会褪一点色，没有办法，衣服的价钱在这儿摆着，那是颜料的问题。（暗示顾客贪小便宜，买便宜货）这时经理走了过来，他采取了三个步骤：首先，静静地听顾客讲这件事情的经过，不说一个字；其次，顾客说完以后，售货员又想插话表达他们的意见，经理制止了他们，并说的确看到顾客的脖子被弄黑了，顾客不满意的东西，店里就不应出售；最后，承认不了解这里面的原因，一再征求顾客的意见应怎样处理这件事。顾客原来是准备退货的，现在改口了，说是不是有可以补救的办法。经理建议顾客再试用衣服一星期，如果到时还不满意，便拿来换一件满意的，同时不断表示抱歉。一星期以后，衣服再没有褪色，顾客也恢复了对商店的信任。同理心是各行各业沟通最重要的基础，没有这个基础工作就白做了。

谢文东实际上就是用了同理心来和三方沟通。这个年代信息虽发达，但人们对孩子和学校的发展还不太了解，他们更喜欢通过面对面的直接沟通方式来加深了解，而直接沟通就是一个很好的方式。日常工作中的同理心沟通具有四个技巧。

第一个是将心比心：能够换位思考，设身处地去感受和体谅他人，并以此作为处理工作中人际关系、解决沟通问题的基础。

第二个是感觉敏感度：具备较高的体察自我和他人的情绪、感受的能力，能够通过表情、语气和肢体等非言语信息，准确判断他人的情绪与情感状态。

第三个是同理心沟通：听说者想说，说听者想听。

第四个是同理心处事：以对方感兴趣的方式，做对方认为重要的事情。

谢文东常跟大家说，沟通对学校发展是有利的，时常沟通、面对面交流，可以帮助教师和家长对学校和学生的动态了如指掌。大家都表示赞同。时常沟通不仅使家校关系、干群关系更加融洽，而且使教师与家长对学校的发展方向有了更多的认识、肯定和支持。

引领箴言：当领导最重要的是不要阻塞沟通的道路，塞了要使之通顺，堵了要进行清理。很多时候，无法有效管理学校不是能力问题，而是沟通问题。有能力的人如果不懂得沟通，照样失败。

在做好沟通，与学生、教师和家长在学校发展的问题上达成一致后，谢文东开始使用第三个策略。

策略三　立形象，“做好首件事情”

古语说得好：“其身正，不令则行；其身不正，虽令不行。”团队面临困境时，除了做好沟通工作，更需要校长立形象，做好首件事情。新时代的发展对学校要求越来越高，大家普遍感觉“压力山大”，不仅是教师，校长也存在这个问题。如果没有人做出示范，让大家学习怎样去为学校发展而努力的话，这种趋势将会给学校发展带来不利影响。因此，谢文东现在需要做的就是树立形象。只有树立好模范形象，才能让大家信服。

树立模范形象，谢文东采取了两个步骤，第一步是“摸透内情”。

关于谢文东的“摸透内情”，我们可以通过谢文东的管理行为看到端倪。谢文东新上任的时候，为了了解学生、教师和学校，以便在最短时间内梳理出适合学校发展的思路，一连几周都很少在办公室待，足迹遍布校园各个角落。他听教师谈看法，找学生听心声，与园丁一起修剪树枝，赢得了大家的一片赞叹。同时，谢文东知道教育是细活、慢活，急不来，现在要做的，就是全面深入了解。于是谢文东鼓励大家为学校的发展献计献策，多沟通，他表示会虚心听取，及时回应。他言出必行，每天认真回复大家的来信，答复大家的质疑，接受大家的建议，在新学校的工作逐渐打开了局面。

谢文东做事能深入人心，做到从群众中来到群众中去。其实从管理学角度来分析，谢文东这种方法叫作“摸透内情”：上任伊始，通过熟悉大家的情况，与同事、学生拉近距离，便于以后工作的开展与实施；摸清楚学校发展的方向，以便做出准确定位。

有一个特别有趣的真实故事。一人在家中养了一盆银心吊兰。吊兰虽然不名贵，却因为枝条婆娑、狭长的叶子中间有好看的银白色的线条，得到了全家的珍爱。有一天，其岳母帮忙清理抽油烟机时，把抽油烟机下面塑料碗中的油放进了银色吊兰的花盆里。为什么呢？原来她认为油是比较有营养的东西，人都需要，花施上一些总也是有利而无害的。而且听说种西瓜时用饼肥（油料的种子经榨油后剩下的残渣）可以增加土地的肥效，所以，老人未与家人商量，就把油碗里的植物油浇了上去。原以为这盆银心吊兰会旺盛生长，却不想一段时间后，银心吊兰枯死了。这就好比管理，如果不了解具体情况而硬搬别人的经验，哪怕这个经验很成熟、有效，也不一定会有积极的效果，反而会适得其反。

谢文东深知这个道理，他没有生搬硬套别人的经验，而是选择了主动深入学校了解内部情况。上任之际，谢文东穿着端庄，不辞辛劳，每天一大早就到学校迎接学生和教师，热情洋溢地向大家问好，极具亲和力；过去有些家长因为孩子这样或那样的小问题有时在校门口胡闹，现在谢文东每早都站在门口欢迎大家，家长一有什么情况就可以第一时间反映给他，校门口再也没有出现家长胡闹的情况。

第二步是“率身示范”。

谢文东把要做好的首件事情定为粉笔字训练。为了扎实教师的教学基本功，提高教师的书写水平，更好地促进教师的专业化发展，谢文东专门开展每日一练粉笔字的活动。刚开始，一些教师不愿意参加，觉得自己平时的教学工作已经够繁重了，哪有时间练习粉笔字？谢文东了解情况后，就天天把自己练习的粉笔字挂在展示栏。大家一见，再也不好意思有这样那样的想法了，便认认真真地练习起粉笔字来。谢文东的“亮一手”不仅对教师起到了良好的带头作用，而且给学生进行了很好的示范，全校师生练习书法的热情空前高涨。多年以后，这项活动都一直坚持着，大家的书法也大有长进，并且多人获得各级书法比赛奖项。

一些教师平时总是牢骚满腹，说现在的学生越来越不好管了，老师对学生一片好心，可学生一点儿也不领情。其实，那些教师并没有从自己的一举一动、一言一行出发给学生做好示范。教师是学生的榜样，教师的言行对学生起着潜移默化的影响。在教学中，教师都爱用“勿以善小而不为，勿以恶小而为之”来教育学生，可到头来，有些教师自己却“只许州官放火，不许百姓点灯”。试问：学生遇到这样的教师，能心悦诚服地接受教育吗？教育要注重言传身教，用自己的一言一行演绎身为人师的职责。若想学生做到不迟到、不乱丢垃圾、整理好书包，教师是不是应该每天提前半小时到校，把讲台收拾得干干净净，把黑板擦亮，把需要讲的知识整整齐齐写在黑板上，上课时间不随随便便离开教室呢？

回头想想，从谢文东做出表率这一行动中，我们不难看出，他有一个优点，就是要求别人做到的先自己努力做好，这无疑也是他的做事风格。谢文东提出“我能行”教育——相信自己能做好。谢文东对师生也是这样要求的，不做则罢，要做就一定要做好。有时你努力了，会因一些客观条件所限最后没能做好，那也没关系，关键是你的信念一定要坚定，要力求把事情做好。谢文东认为，对师生发展意义不大、没有必要的项目，坚决不做；对全校师生发展有利的事情，一旦认准了，就要努力去做。今天不行争取明天，不是什么事情都一定非要在今天做好。这一点确实值得我们佩服。

其实，不管在哪个行业，一旦认准了，只要努力去做，一定会有意想不到的收获。这里有一个真实故事。

山东省枣庄吴林街道大李楼村党支部书记付晓娟、陕西省杨凌本香农业产业集团董事长燕君芳和黑龙江省伊春市金山屯区金萌养殖场场长李孙明，他们的创业之路有着些许相似——扎根农村，成就属于自己的事业。

付晓娟从小在城里长大，在她大学毕业之后父母觉得女孩子尽量稳定一点儿就好，可她偏偏选择了去农村，这让父母特别不理解。“我知道老人都是为孩子好，我就把他们对自己的不理解，变成了自己的动力，时刻告诉自己，这条路就是再困难，也要坚持走下去。”

在创业中，燕君芳遇到过各种困难。她说“我坚信只要把产品品质做得非常好，一定会有市场的，我就坚信这么一条”。

1999 年，李孙明在当地做厨师每个月就能赚到 1200 元，家里人不想让他放弃这份工作搞养殖，但他总觉得应该趁年轻好好闯一闯。“当时父母也不同意，因为农村有一句话‘家传万贯，带毛不算’，就是说獭兔不太好养，风险也大。”

细数自己的成功，他们不约而同地认为，有创业的梦想并坚定地干自己想要的那份事业，是创业路上必不可少的一份砥砺。

付晓娟建议大家一定要给自己定一个人生规划，有一个清晰的定位后再迈步。燕君芳说，希望年轻人把心态调整好，明确自己的目标。“不要把创业想得太复杂，凡事只要坚持自己的信念，努力去做，一切事情都会做好。”李孙明说。

引领箴言：对于全校师生发展有利的事情，一旦认准了，就努力去做；今天不行争取明天，不是什么事情都一定非要在今天做好。

谢文东不仅会选择具有挑战性的目标，还会采取有效行动努力达成目标。从心理学来看，这就是成就动机。它是指个体追求自认为重要的有价值的工作，并使之达到完美状态的动机，即一种以高标准要求自己力求取得成功的动机。而像谢文东这样有高成就动机的校长，会以敏锐的眼光寻找发展机遇，以勇于求新求变的魄力开拓创新。

谢文东在“立形象，做好首件事情”之时，不仅按照以上所说的两步走，同时还注意到了以下两点。

第一，注意“第一印象效应”。第一印象效应是指最初接触到的信息所形成的印象对我们以后的行为活动和评价的影响，实际上是指“第一印象”的影响，并不是指第一次见面过程中用所有的时间观察对方所得的印象，而是最初几秒的印象。千万别小看这短短的几秒钟，它对你的判断有着很重要的影响。对你的第一印象如果是“聪明、稳重”，下次见面时即使有较激烈的争执，对方也会与上次印象综合，从而判断你是个对工作投入的人。相反，如果你给人的第一印象是穿着随便、毫无气质、工作态度散漫，第二次见面即使诚心交谈，对方也一定认为你固执己见、目中无人。

第一印象效应是一个妇孺皆知的道理，作为领导总是很注意烧好上任之初的“三把火”。每个人都力图给别人留下良好的第一印象。理所当然，校长作为领头羊，留给一个团队好的第一印象也是至关重要的。

那么，怎样才能给对方留下良好的第一印象呢？谢文东采取了四种比较有效的做法。

一是发挥自己的优势。比如他的虚心、坦诚、和善、坚定等，都是他作为一个管理者的优势。先亮出自己的优势，自然就会吸引别人的关注、别人也会愿意与你合作。

二是适应不同的场合。懂得与人交往的人，会因场合不同而改变自己的表现。比如，作为校长，谢文东在面对其他校长、家长、教师、学生时，表现不是一成不变的。当然了，前提是不给人造成言行不一的不诚实的感觉。

引领箴言：懂得与人交往的人，会因场合不同而改变自己的表现。一成不变不会给人留下美好印象，不管是与人亲密地倾谈，还是发表演说，都要在保持自己的同时，因时因地有所变化。但要注意不要给人造成言行不一的不诚实的感觉。

三是放松心情。要使别人感到轻松自在，你自己就必须表现得轻松自如。不管遇到什么严重的事情，心理上都要尽量放松。学会幽默，不要总是一脸严肃，或做出一副永远苦闷的样子。

四是善于使用眼神、目光向对方表达善意。

第二，注意细节。谢文东不仅注意“第一印象效应”，还非常注意细节。注意细节既是一种品质，也是一种作风。西方人常说，“魔鬼藏在细节中”。中国也有古语“差之毫厘，谬以千里”，“细节决定成败”更是领导者公认的事实。

那么，谢文东在细节方面是怎样做的呢？

一是用心做好每一件事。唯用心，事才可细。例如，他和师生谈心，与园丁一起修剪树木，都是小事，都是细节，但是他在这些细节上做文章，就起到了意想不到的效果。

二是做事到位，小事做透。事不到位不算完，事不做透会再来。谢文东的粉笔字练习的开展不是一时兴起，他在之后将其作为一项提高师生素质的活动坚持了下来，就体现了做事到位、做透的态度。

三是将小事做细，培养成一种习惯。做事要认真、仔细，从细处着眼，教育无小事，遇到问题要立即查清原因，找出根源，寻找方法，马上解决。

有人说，中国人不缺勤劳，不缺智慧，缺的是做好每一项工作的扎实态度以及做好每一件事的精细之风。这一点，谢文东为我们树立了榜样。

依靠着“立形象，做好首件事情”，谢文东所提出的发展方向终于在全校站住了脚，获得了成功。下棋有两种致胜方法，一是你把对手打败；二是对手输给你。对手既不是被谢文东打败的，也并非输在了才华、能力上，输在哪里呢？输在了引领上。谢文东比谁都坚定，面对大家追捧教学改革时，他始终镇定自若，在一片嘈杂声中引领全校向前迈进。

从另一个方面来讲，教学改革对谢文东来说的确是一个大挑战。于是乎，如何更加坚定自己的办学方向，引领团体不断走向辉煌，成为谢文东面临的一个新的考验。

第三章

引领要练“三个力”

学校的发展需要领导者具备各种各样的能力。只有校长拥有了其中重要的能力，学校才能发生翻天覆地的变化。那么，校长怎样才能更好地掌握影响学校发展轨迹的重要能力呢？谢文东又是怎样做的呢？从他的做法中，我们又能得到什么借鉴呢？

查尔斯·哈尼尔说过这么一句话：“这股力量来自你的内在，然而，如果不把这力量给出去，就无法得到它。”每个人内在都潜藏着各种各样的力量，但这并不意味着每一种力量都会成为一种能力。能力是需要在某个特定的时刻被激发的。那么，在引领学校发展时，如何将能力激发出来并用其解决教育管理的难题呢？我们来看看谢文东是怎么做的。

谢文东上任后想做的第一件事就是利用传统文化去丰富校园文化。他认为，优秀的传统文化是我们民族的根，我们应该从儿童开始固本强基。谢文东想打造“传承经典文化精髓，培育儒雅文化校园”的校园文化特色，也就是通过显现的环境文化、深层的精神文化、人本的制度文化的建设，着力实施“文化育人、文化兴校、文化治校、文化强校”的发展战略，形成富有个性魅力和办学特色的校园文化。想法有了，可是谢文东为什么迟迟不落实呢？他有以下两个想法。

第一，担心预想与现实的反差。以传统文化去丰富校园文化的想法能收到预期效果吗？能得到团队和上级领导的支持吗？

第二，应该怎样落实这个方案呢？应该采用什么策略呢？这是需要事先考虑好的问题，因为落实后不能朝令夕改，否则会影响团队成员对自己信任。

这两个想法一直在谢文东心头纠缠。谢文东虽然对学校的发展有想法、想落实，却一时下不了决心。

按照上级的意思，领导刚刚上任是不宜随意改变办学思路的。上级建议他先熟悉学校的情况，再考虑是否调整办学思路，争取做到承上重任、启下前进。对于上级这种稳中求进谋发展的战略，作为一名资深的学校管理者，谢文东深知其中的缘由。

中国有一句俗语“新官上任三把火”，凡是有理想、有抱负、有激情的“新官”，大都希望自己能大有作为，带来一番欣欣向荣的新气象。确实，历来如此，很多领导来到新岗位，很快就开始大刀阔斧地改革，实施“新政”，通常都能取得非常不错的效果。比如，黄冈中学的原校长曹衍清注重改革教学方法，营造“活”的课堂；衡水中学的原校长李金池把学校建成“精神特区”；北京市第二实验小学的原校长李烈以爱育学，打造和谐团队……他们都获得了业界的赞赏。但是，“新官”的“火”也不能随便烧，只有结合新岗位的实际情况才能烧出“三昧真火”。

为避免盲目决策，谢文东上任之前就对学校的情况进行了深入的了解，并初步形成了一套学校发展的规划。上任之后，他却不能按照自己的办学思路去发展学校，心里是何滋味？他有一种被束缚、被压制的感觉。自己的想法不能实施，这让谢文东心事重重，但是上级的想法必须得遵照哇。

鉴于上级稳中求进的工作战略，谢文东明白心急吃不了热豆腐，于是就全身心投入到办学思路的调查研究上去，尽可能多地去思考些实际问题，多剖析些问题根源，多去听听教师们的授课等，把心思放在干具体事情上，力图厚积薄发带领学校向前发展。

后来，谢文东接连收到教育局的通知：第一次大概的意思是，对学校发展有什么好的想法，就尽力去实施；第二次大概的意思是，稳定局面，教学改革不急；第三次大概的意思是，尽快把教学改革方案拿出来；第四次大概的意思是，教学改革方案需要再进行调整。这四次通知把谢文东给搞蒙了，就在纠结之时，他接到了第五次通知，内容很简单，只有一句话——见面谈。

这个简单的通知，却蕴含了多重意思。谢文东是有机会落实自己的办学思路呢，还是会被教育局叫停呢？在前往与上级会面的途中，谢文东的心是悬着的，可是多年积攒的经验告诉他，上级一定想出了什么新方法。这个新方法能为学校发展带来什么呢？不知道，谢文东唯一能做的就是不断深入分析校情，提出一套具有科学性、前沿性的办学思路，以便一有机会就可落实。

对于和领导的那次会面，谢文东做了很详尽的描述。上级见到谢文东后说：“上头下达了一个重要的‘红头文件’，我想来想去，你是最适合不过的人选，急着要见你，是为了把这件大事交给你和另一位校长。你们两个人都刚上任不久，我希望以你们的学校为改革试点，然后再推广。因此你们必须要参透文件精神，从学校特色切入，引领学校发展。你如果有什么好建议，尽管提出来。”听了这一番话，谢文东内心激动不已，一直酝酿的发展方案，终于有机会提出，曾经对办学方案不能实施的担忧马上烟消云散。谢文东趁机把以传统文化丰富校园文化的想法从微观层面到宏观层面报告给上级。上级听完谢文东这个具有前瞻性和可行性的方案后，拍着谢文东的肩膀说：“这事就看你的了，好好干！”

谢文东被委以重任的这一年，刚好进入不惑之年。《论语·为政》中提到“四十而不惑”，就是说人到了四十岁，有了稳定的价值观和判断标准，就不会产生迷惑了。可想而知，此时的谢文东，精神最为充沛，能力也非同一般。当然，最主要的还是具备了三种能力：预见力、分析力和决断力。

做很多事情都需要做出预见和分析。学校的发展具有可预见性和可分析性。那么，如何才能准确预见学校未来呢？要想事业有长远发展，就必须要有远见卓识。只有具备洞察事情先机的能力，确定努力的方向，明确前进的目标，才能变被动为主动。战国时期发生过这么一件事。

魏国的范雎受中大夫须贾的迫害，逃匿民间。一次秦使王稽来魏，听说范雎很有才干，便暗中带他回秦国。进入秦境时，一队人马迎面而来，范雎问来人是谁，王稽说可能是秦相穰侯魏冉东巡县邑。范雎说：“我耳闻穰侯专擅秦政，不容外人，今天被他碰上，轻则受辱，重则被驱，我还是躲到车底吧。”

顷刻魏冉来到车前，问车中有无别国宾客，王稽说没有，魏冉就走了。范雎从车中出来，说：“魏冉是聪明人，只是遇事反应慢点，刚才他怀疑车中有人，你说没有，他未搜过，过后一定不放心，会派人回来搜查的，我要避一避。”说完下车从小路向前走去。果然，过了一会儿，魏冉派人到车上搜查，见果然没人才作罢。

范雎通过分析魏冉的性格，知道他是个多疑的人，所以不但预先推断出魏冉会盘问王稽，而且预见到魏冉可能会派人来搜查一遍。正是他高超的预见能力，使他能防患于未然，逃避了被羞辱的命运。

做事的谋略有时就体现在对事情的预见之中。有预见能力的人能预测到事情发生的原因和发展的方向，所以能够提前防范，未雨绸缪，把事情引导到有利于自己的方向发展；没有预见能力的人，不懂得洞察事情的先机，只能任其发展，因此，在做事的过程中可能遭遇到更多的挫折和困难。

科学预见的主要表现有两个方面：其一，准确判断形势。对事物的产生、发展有全面的了解，善于把握各种矛盾之间的联系，善于抓住主要矛盾。其二，做出科学预测。既能预先推测可能发生的事情，把问题解决在萌芽状态，又能独具慧眼，发现和扶持新生事物，营造事情发展的有利态势。

傍晚，一个画家走在乡间的小路上，看着翠绿的树木和小草，看着小松鼠在树上欢快地跳跃，听着潺潺的溪水声，听着动听的鸟鸣，他忽然产生了灵感。然而，他并没有拿出画笔将美景马上画下来。他想："等一下吧，等我回到家，我再把这些看到的美好景象画下来。"然后他一边漫步，一边继续欣赏沿途的风景。

回到家，他先享用了一顿美味的晚餐，又吸了一支烟，等到要上床就寝时，才忽然想起，也许应该创作一幅作品了。于是，他支起画架，调好颜料，可是无论怎么回忆，都无法回想起白天所看到的美好景象了，那些美妙的灵感早已经消失得无影无踪了。好的灵感和想法、好的机遇和条件总是转瞬即逝的。如果没有在当时立即行动，只能让美好的事物白白地消逝。

谢文东的经验就是重要的事情一定要马上决策，立即行动。为了引领学校更好地发展，他苦心做了很多准备，那么他提前做了什么准备呢？

策略一　培养预见力，决定成败

"凡事预则立，不预则废。""谋先事则昌，事先谋则亡。"做事情，想不谋划就轻而易举地获得成功是不可能的。所有事都得预先计划，那么，究竟怎么做计划呢？

如果把学校比作一艘行驶中的轮船，校长就是一位船长，需要时刻分析海面上的形势，预见航海的路线，以船上的人的利益为重。在多年的教育管理中，谢文东时刻不忘分析时代变化的形势，从而实践学校发展的道路。他之所以有如此强大的预见力，和他在管理中遇到的贵人有关。我们先看两个例子，同时看一看谁是他的贵人，与他究竟发生了怎样的故事。

引领箴言：如果把学校比作一艘行驶中的轮船，校长就是一位船长，需要时刻分析海面上的形势，预见航海的路线，以船上的人的利益为重。

陈某是三年级某位学生的家长，因为公司倒闭而下岗了几个月，就在这几个月中，他开始关注孩子的学习，竟发现了很多问题。他的孩子对学习没有兴趣，成绩一般。虽然家长在孩子身上花了很多心血，让孩子一直在外面参加各种辅导班，但是孩子进步不大。孩子并不淘气，但是写作业非常慢，而且很懒，看到文字多的内容就干脆说不会。老师给他辅导时，无论怎么跟他沟通，他都很少说话，鼓励他也没用，老师真的没有办法了，根本不知道从何下手。别的孩子总有自己喜欢的事情，但是他什么都不喜欢。

于是，陈某便找到谢文东，向他请教如何教育孩子，怎么才能让孩子走出封闭的自我世界。谢文东听了他的反映后，就想：能不能为孩子们提供一些发展兴趣爱好的活动呢？于是，在给了陈某一些实质性的建议后，谢文东静下心来思考，如果只求孩子的智力发展，而不注意孩子非智力因素的培养，是不符合时代要求的，迟早会遭到社会残酷的淘汰。孩子的发展不但需要家长谋划，也需要教师及校长的谋划。谢文东苦思很久后，将形成的初步方案与大家讨论，一起探讨如何开展兴趣活动以培养学生的综合素质。于是，每周一次的“校本乐”活动出炉了，这一活动获得了家长们的一致好评和大力支持。

另外一位是学校的行政人员孙某。有一次，孙某发现一些顽皮的学生经常在学校的电动门口捣乱，随意开门出入。他向谢文东反映了这一情况，谢文东一听，马上意识到这是安全隐患，他不仅在那做了个温馨提醒的标志“仅供车辆和教师出入”，而且特意请来电工把电动门的供电箱向上移，以免学生发生意外。

对大多数人来说，这可能只是两件很小的事，完全可以不予理会。但谢文东从这简单的一句话、一个问题中，预见了潜在的机遇和危险，从而使学校迈上一个又一个台阶。这就是他强大的预见力，这种高瞻远瞩的预见力，帮助他从错综复杂的事物中找出规律性，找出新意，从而制订出切实可行的管理目标，提出近期指标和远期规划，不断推动学校向前发展。

其实，从谢文东刚刚担任校长开始，家长和教师就特别看好他，认为他做事看得远、看得深，能根据发展形势找出适合学校发展的道路，很多家长和教师都诚心诚意地支持和配合他的工作，这样一来，家庭、学校便形成了帮助学生成长的最大合力，让学生得到最大限度的发展。

谢文东的预见力不仅体现在做事上，在用人方面，他也具有“伯乐”的潜质。古人说：“千里马常有，而伯乐不常有。”再好的人才，如果没有“伯乐”来挖掘，也无法展示自己过人的才干。如何挖掘人才并用好人才？这就需要管理者施展知人善用、人尽其才的能力了。

从用人的“要素有用原理”出发，应承认人无完人的客观事实。每个人都有优点和缺点，问题在于如何发现其优点，抑制其缺点，并考虑不同的工作经历、职业阶段、学识背景等因素对其的制约或影响。

因此，有效的用人准则和尺度就在于要认识到人无完人，只要使用得当，适用则可。也就是说，对人，要多从可用、有用的角度给予肯定。

管理者在评价人、用人之时，应该注意以下两点。

第一点，从管理者角度出发的评价，应采取一分为二或合二为一的评价方式，放弃一味求索、一厢情愿和走向主观的可能，换言之，就是将关注点落在“能用”上。

第二点，懂得运用客观的、动态的和辩证的用人准则，在选拔和使用人的过程中，恰如其分地发挥其长处，看重其主要职责和任务完成的情况。

谢文东深谙用人之道，他认为用人与择友不一样。择友可能会因为自己受不了对方的缺点而选择不与其交往，但是用人往往需要放大对方的优点，有机会还要帮助对方改正缺点。对于外向、活泼的人，谢文东便安排他们做与外界沟通的工作，而对于内向、稳重的人，谢文东则安排他们做一些处理文件的细致工作。而且，谢文东是很有亲和力的人，时常鼓励自己的下属，引导他们正确地认识自己并积极地提升自身的能力。于是，自然而然地就有许多教师、家长愿意为他出谋划策。作为领导，要知人善任，因为说不定别人的预见力就会成为你的预见力。

由于谢文东审时度势，知人善任，能够很好地把握学校的发展方向，所以，他虽然上任不久，却把学校搞得有声有色。这就是预见力的重要性。

策略二 修炼分析力，谋事之基

做事有两个忌讳：一是忌对事情不进行预见；二是忌对事物不进行分析。

对事情的发展不进行精确的分析，一切努力都是枉然。只有对我们看到的很多事情进行分析，才能取得新进展、新突破、新飞跃。引领学校发展也是一样的，不管形成怎样的办学思路，如果没有分析时代背景和学校发展的形势，那肯定是不合适的。

一次，谢文东组织开展了一年一度的艺术节，可是文艺会演的节目水平远不及意料中的那么好，这使谢文东陷入了苦恼。而且，在艺术节的其他比赛项目中，还有一个奇怪的现象：由中年教师当班主任的班级几乎没有一个进入前三名。在进行活动总结的时候，谢文东针对活动前期的布置和宣传、活动进行时的落实与调整、突发状况的处理等都一一进行了反思。

他知道，学校的平均教龄偏高，中年教师“提前老龄化”的现象在一定程度上影响了他们的工作热情、工作效率和工作质量。重燃中年教师的工作热情，是解决当前问题的有效途径。

那接下来谢文东是怎么做的？他从一个故事中得到了启发。在动物园里，小骆驼问妈妈：“妈妈，妈妈，为什么我们的睫毛那么长？”骆驼妈妈说：“当风沙来的时候，长长的睫毛可以让我们在风暴中看清方向。”小骆驼又问：“妈妈，妈妈，为什么我们的背那么驼，丑死了！”骆驼妈妈说：“这个叫驼峰，可以帮我们储存大量的水和养分，让我们能在无水无食的条件下坚持十几天。”小骆驼又问：“妈妈，妈妈，为什么我们的脚掌那么厚？”骆驼妈妈说：“厚厚的脚掌可以让我们重重的身子不至于陷在软软的沙子里，便于长途跋涉呀。”小骆驼高兴坏了：“哇，原来我们这么有用啊！可是妈妈，为什么我们还在动物园里，不去沙漠远足呢？”

勿庸置疑，每个人的潜能都是无限的，问题的关键在于找到一个能充分发挥潜能的平台。好的管理者就是能为每一个员工提供这个合适的平台的人，管理者需要细心观察，找到每一个员工的特长，并尽可能地为他们提供适合他们发展的平台。

一个好的管理者不一定是业务能力最强的人，但他一定是个懂得分析、惜才用才的人。

引领箴言：好的管理者就是能为每一个员工提供合适的平台的人，管理者需要细心观察，找到每一个员工的特长，并尽可能地为他们提供适合他们发展的平台。

因此，在日常事务中或在开展活动时，谢文东常去观察、留意中年教师的特点，后来终于发现行政班子、个别教师的才华没有得到重视，分配的工作没有让他们的才能得到充分展现，导致他们做事效率低、活动效果不佳。然后谢文东分析了造成这种状况的原因，就是对学校教师的了解不够，分工时没有考虑其特长。

于是，谢文东逐一发挥他们的特长，帮助他们在工作岗位上找到自己的价值，使他们重新燃起工作的热情。例如，谢文东在日常工作安排中，常采取新老教师合作的方式；在教研活动时，安排新老教师结队，共同分析研究；时常组织新老教师经验交流会，使之互相借鉴、交流、学习；举行不同类型的教师技能大赛，发挥不同教师的特长……

提高分析能力是人们孜孜以求的一个目标。谁都希望自己有较强的分析能力，能像诸葛亮那样未出茅庐已洞察天下大势，能像马克思那样在资本主义早期就预见资本主义历史发展的基本趋势。要做到这点，难度不小。

分析，是一种能力，也是一种智慧的体现。它体现了分析者的综合素质，包括其知识、能力等要提高分析能力需要注意以下几点。。

首先，分析问题的立足点要对。一个有私心、有偏见的分析者是很难对事物有客观公正的分析的。偏见比无知离真理更远，在门缝里看人容易把人看扁。为此，要实事求是，从客观实际出发，不唯书，不唯上，只求实。

其次，调查是分析的基础。真实可信、全面客观的信息资料是进行正确分析的基础。“知己知彼，百战不殆。”要想知己知彼，就要了解真实情况，情况越真实、全面，分析就越准确。

最后，一些原则或方法论是必须掌握的。比如，要用联系和发展的观点看问题；要用对立统一的观点去分析事物的内在矛盾，对任何事物不绝对肯定或绝对否定；具体问题具体分析，因地因时制宜；透过现象看本质；分清主流与支流、必然与偶然、可能与现实、原因与结果等。

管理战场就好像是一个波澜壮阔的大舞台，在这个舞台上，各路英雄粉墨登场，上演了一出出精彩的大戏，成就了自己的一番伟业。从传统经济时代的“钢铁大王”“轮船大王”等，到知识经济时代的互联网“新贵”，姿态万千，异彩纷呈。

细看这些舞台上的主角，有的成功开创了新市场，在商界所向披靡；有的打造了高效的组织，战斗力强；还有的是管理先锋，独创了各种管理心法，效果显著。无论是开创市场、打造组织还是独创管理心法，我们会发现，这些成功者的优势无不是基于自身强大的分析力。管理者要谋求发展，突破成长瓶颈，就必须有极强的发现新事物、发现事物变化方向的能力，否则只能跟在别人之后，很难有大的作为。世事洞明皆学问，在自己的事业中坚持修炼分析力，则可成就一番事业。但是，对于谢文东来说这还不够，他还有第三个策略。

策略三　提高果断力，明谋善决

在教育管理中，校长能对事情进行一定的分析和预见固然可贵，可是在漫漫长路中，哪一步最艰难呢？我们经常看到在学校的食堂里，一个女孩子一边吃着鸡腿一边说："嗯，吃饱了才有力气减肥！明天就减肥！"我告诉你，她永远不会瘦下去。知道某件事该做，就应该立即行动，绝不拖延。有一种理论说：在宇宙中，时间只是一个幻象，过去与未来都不存在，唯一真实的只有现在，唯一能把握的也只有当下。因此，任何目标与计划必须从当下开始去行动，必须从当下的行动中去创造。人能把握的只有当下。

管理工作也是如此，最重要的就是要明谋善决。谢文东为了引领学校更好地发展，做了很多英明的决断。那么，谢文东面对困境时，是如何明谋善决的呢？我们先分析一下领导的类型。

根据管理学的一般说法，领导的类型有以下六种。

第一种是教练型领导，善于指导和培养下属。一位领导每天在工作中对他的下属进行培训与激励。他给他们布置工作任务，教他们完成任务的方法，在他们遇到困难时给予激励并帮助他们。他对他们有爱、有严，也有深深的期待。他期待他的下属能在工作中成长起来，成为单位骨干甚至社会的栋梁之材；期待建立一个优秀的工作团队，让下属充满激情而快乐地工作；期待着这个团队能取得令人称赞的业绩，为单位、为社会做出一份贡献。

第二种是专家型领导，善于培养下属与自己一样拥有精湛的专业技术与较强的自我管理能力。每一个领域都有自身的特点，都有自身的运转模式和客观规律。如水利工作、卫生工作、林业工作、税务工作、机关工作和乡村工作等，都有着自己的术语，有着自己一整套的工作要求和模式。要想在工作中做出正确的决策，就必须了解这些工作的特性、内涵和发展趋势，做到心中有数、了如指掌。另外，专家型领导的科学决策会给自己增添人气，使自己获得下属的支持，获得组织的认可，从而更加有利于推动工作的开展，促进自身的发展。

第三种是指令型领导，常要求下属严格按照规章制度和领导下达的命令做事。指令型领导往往采取单向沟通方式，以命令的形式向下属布置工作任务和完成任务的程序、方法；下属不了解或无法了解组织的整体目标和最终目的；指令型领导一般不参加集体活动；指令型领导常凭个人的经验和了解，对下属的工作表现做出评价。这种领导方式下，领导者与被领导者之间纯粹是一种命令与服从、指挥与执行的关系。

第四种是合作型领导，注重培养下属间和谐的人际关系，使下属互相合作一起来实现组织目标。例如，云计算服务提供商 Salesforce 推出类 Facebook 的社交软件 Chatter，并将其应用于企业内部的合作中。Salesforce 的 CEO 发现公司内部创造和使用 Chatter 的人无法将他们的信息和观点传达到管理层，而这些人中有很多对顾客相当了解，可以为系统带来更多的价值，却不被管理团队所知。于是，他利用 Chatter 打开企业的管理之门，邀请所有的员工利用这个聊天工具表达他们的观点。因此，公司的管理年会也由原本的 200 名高管参加发展到几千名员工共同参与。

第五种是参与型领导，他把自己当作团队中的一员，以身作则，鼓励员工为了共同的愿景和价值观而奋斗。参与型领导的领导实质在于能够组织员工参与决策和管理，从而增强员工的主人翁感，使员工更容易把个人目标融合于组织目标之中，视达成组织目标为己任。

第六种是授权型领导，喜欢把一切事情都交给下属，锻炼下属，使之成为独当一面的将才。授权型领导的指导性行为少，支持性行为少，常让员工自己决策并执行任务。

谢文东的上司属于第六种，在大多数的时候，这位上司想让自己的下属最大限度地发挥主观能动性去做好学校工作。

就有这么一件事情：有一位教师进行有偿家教，被投诉了，同时媒体大肆报道，一时社会反响强烈，要求相应部门查明事实。有偿家教是一个非常敏感的问题，如果处理不当，校长轻则记过，重则停职。这位上司非常恼怒，表示要给这位教师最严厉的处理。

有人提议说直接把犯错的教师撤掉，杀鸡儆猴，可以起到警示作用；有人提议先开个大会，让她在大伙面前检讨，看她的态度再斟酌……这时，谢文东对这位上司说："她是我的下属，由我来处理吧！明天准给您一个满意的答复。"由谢文东来处理这件事的消息一传开，大家纷纷来劝告谢文东，都说这位教师太有个性了，不应该和她正面对峙，应将此事上报上级，由上级处罚。谢文东听后，坚定地说："这是我们的同事，她犯错我们就得帮助她。"大家见状，只好表示支持谢文东，因为他们知道只要是谢文东认定的事情，就不会轻易改变。

于是，谢文东找到这位教师，帮她分析错误的行为，建议她主动接受处理。但是这位教师是很有个性的人，而且疑心很重，认为被投诉这件事是同事所为。而且，她一再强调如今的绩效工资低，总体收入比以前少了许多，这样的待遇怎能让她安心教书？教师也是人，也要买房子、买车子、养孩子，一个月2000元左右怎么够？总之她找了很多自以为是的理由强词夺理。

谢文东为了让她认识到自己的错误，就先给她讲了这样一个小故事：很早以前，一个小偷盗窃时被逮住了，当法官问他为何盗窃时，他回答因为自己没钱。谢文东严肃地说："工资低就能成为有偿家教的理由吗？这就像小偷说没钱就能盗窃的理由一样站不住脚。人的欲望是无止境的，作为一名人民教师不应该在这样的欲望中将自己的师德一次次践踏。”

然后，谢文东慢慢地给她分析这件事情的错误所在，并询问她做家教的一些细节。她对家长投诉感到十分不满，谢文东说，家长投诉就说明家长对她的工作有看法，何况有偿家教这件事本身就是错的。如果不想接受更重的惩罚，就要停止自己的不端行为，并主动找组织说明。最后，这位教师承认了自己的错误，按谢文东所说主动找组织说明了问题。处理完这件事后，谢文东特别召开了一次教师大会，告诫大家不要做有偿家教，提醒大家在这个物欲横流的社会里，要坚守自己的底线，为学生树立一个正面形象。

当上司了解到谢文东已妥善处理这件事后，大力表扬谢文东的做法两全其美，既能向有关部门有所交代、平息社会舆论，又能警醒教师们不要做有偿家教。从此以后，学校再没有发生过类似的情况。

大家知道，面对棘手问题，如果躲躲闪闪，只会使问题变得更糟糕。反过来，抓住要点，果断出手，或许会收到意想不到的结果。谢文东就善于快刀斩乱麻，化危险于无形。

引领箴言：面对棘手问题，如果躲躲闪闪，只会使问题变得更糟糕。反过来，抓住要点，果断出手，或许会收到意想不到的结果。

谢文东在管理中多次涉于困境，最后都能凭借其预见力、分析力、果断力，一次又一次地脱困。

第四章

引领潮流的“三大神剑”

一所学校要想发展，引领至关重要，对新领导而言尤其如此。新领导大都年轻、资历浅，团队中的骨干可能会为一些事情对他横挑鼻子竖挑眼，若这些问题解决不好，就会导致团队里发生内讧。那么，怎样才能开创团结一致，共谋发展的局面呢？谢文东刚刚接任校长，最关心的就是如何在前任校长的基础上继续引领学校发展。谢文东凭着自己的经验和智慧，最终克服了重重困难，为学校的发展打下了坚实的基础。那么，谢文东是怎么做的呢？我们又能从他的做法中借鉴到哪些管理智慧呢？

孔子曰："已欲立而立人，已欲达而达人。"谢文东懂得这个道理，他十分注重培养人才，给身边的人发展的机会。表面来看，周围的人对谢文东相当认可，非常赞赏，但不排除是碍于前任校长的面子，随声附和。这一点谢文东自己十分清楚，所以他最担心的一件事就是自己在担任校长期间，能不能一直获得这么多的支持和认可，能不能引领学校继续向前，万一有人闹事能不能掌控住局面？

春华秋实，暮去朝来。转瞬间，一学期悄然而过，又到了开期末总结会议的时候。这是谢文东担任校长一职以来的第一次总结会议，他打算隆重召开，表扬一批优秀人员，并给予他们奖励。可以说，这一年对学校来说是不平凡的一年，一路上虽有坎坷，但在所有教师的共同努力下，大家满心感动地走过了风雨路。谢文东带领齐心协力的管理团队、敬业奉献的教师团体和活泼大气的学生集体，共同昂首行走在幸福路上，用愈加稳健的步伐，留下师生成长的点点印记。

学校期末总结会议本来在期末举行，后来却被延期了，但谢文东仍决定找一个人单独开个会。这个人就是资深教师陈某。

陈某是一位经验丰富的老教师，业务能力强，对工作热心负责，是骨干教师，是学科教学的"权威"。可到年终时，陈某从财务处得到一个令她颇为意外的消息：自己的奖金是最少的。陈某越想越气，指责学校不厚道，自己为学校兢兢业业工作这么多年，奖金却分得如此不公平。

就在此时，一些教师到校长室告诉谢文东，陈某对自己的奖金不满意，要带一些教师闹事。谢文东深知，出现这种情况可能存在两个原因，一是财务处的工作出现了失误，二是该教师分析不准，产生了误会。谢文东马上找来陈某，让陈某先在校长室等候，以防陈某意气用事，再亲自到财务处去核实情况，最后把工资条目拿回来给陈某看。原来是陈某没有弄明白奖金的算法，但是谢文东并没有马上批评她，而是先肯定了她对学校的辛勤付出，然后耐心地与她分析问题所在，还拿自己的奖金和她比较。原来，由于陈某身体不佳，学校出于照顾，安排较少工作给她。工作量不多，奖金自然也不多。再者，制度对每一个人都是一样的，校长虽然管理着全校，但由于上课不多，所以奖金比陈某的还少。经过一分析一比较，陈某马上意识到了自己的错误，又想到谢校长的理解与宽容，她感到十分惭愧。谢文东稳住陈某后，又找其他准备闹事的教师一一谈话，告诉他们，有话好好说，但不能闹事。那些教师见陈某停止了吵闹，也就不作声了。

陈某想请谢文东吃饭，以示歉意。她想到自己生气闹事时跟许多教师说了关于学校的一些闲话，说了校长的一些不是，心中十分忐忑。

谢文东眼看时机成熟了，就宣布召开全体教职工会议，并婉转地拒绝了陈某的请客，告诉她不必为此不安。在会议上，他就奖金问题向大家做了耐心细致的说明，希望大家对学校多一些理解与支持。

陈某还是吃不准谢文东最后的态度，于是她想了一个主意，向谢文东提出退休，以观谢文东之意。周围人都不明白陈某为什么要提出退休，谢文东也问："您这么早要退休，是身体不佳吗？"陈某说："过几年就到退休年龄了，现在状态不好，不如趁早退休。"其实陈某内心的想法是：你要是不同意，就说明你没把我闹事的事放在心上，我不用走；你要是同意了，就说明你把我闹事的事放在了心上，这次麻烦难以推脱。她这是在暗示谢文东：你以后会因为我闹过事而找我麻烦吗？谢文东呢，二话没说就把陈某请到了校长室。陈某觉得逃不过去了，就拿着退休申请书来到校长室，准备随时交给谢文东。可是来到校长室，她发现谢文东正泡好茶等着她，谢文东与她一起聊了聊往事，最后还鼓励她好好干，继续为学校出力。陈某从校长室出来后，长舒了一口气，知道不必为这件事担心了。

处理完这件事以后，谢文东把自己关在办公室半天，最后总结出一句话：遇到麻烦，要先稳住，再行动，慎之！慎之！

这句话有两个要点。第一，教育管理必须从大局出发，遇事稳住后再行动，带着情绪做决定，很容易把事情搞砸；第二，一定要小心，小心，再小心！

谢文东的前任校长给他留下的是一份宏大的事业，同时也是一个充满挑战的局面。为什么这样说呢？

谢文东所在的学校人才济济。不过比较耐人寻味的就是，谢文东一上任，核心干部中就有几个人积极性降低了，不推不动，推一下才动一下，工作变得难以开展。

面对大家不支持、干劲不足的现状，谢文东没有气馁，没有放弃，也没有急躁冒进。

他始终相信：在人生中，机遇和挑战是并存的，如果遇到难题与挑战就选择逃避的话，就会失去进步的空间，失去更多成功的机遇。

曾听说过这样一个故事：一个人在海岸上遇见一个饱经沧桑的水手，不一会儿他们就交谈起来了。那个人问："你为什么这么热爱大海？它又冷又危险。"水手说："海并不总是冷的，再者它很宽阔、美丽，我热爱它是很自然的事。"那个人接着问："那当一名水手不是很危险吗？"水手说："干一行爱一行，一个爱自己工作的人是不会怕危险的，我们家族每一个人都很爱海。"那个人问："你的祖父现在何处呢？"水手说："他不在人世了，被海浪卷走了。"那个人又问："你的父亲呢？""在大西洋迷失方向了。""那你的哥哥呢？""被鲨鱼吞噬了。""既然如此，如果我是你，我就永远不到海里去。"水手沉默了一会儿问道："你愿意告诉我你父亲现在在哪儿吗？""他去世了。""他是在哪儿去世的？""在床上。""你的祖父呢？""也死在床上。""这样说来，如果我是你，我就永远不到床上去。"大家想想，海上无风无浪是不可能的，如果水手因为祖父、父亲和哥哥都是在大海中丧生而惧怕海的话，他就永远当不了最优秀的水手。

引领箴言：没有机会也没有风险，有机会风险就会存在，勇敢接受挑战的人是不会畏惧这样的风险的。所以，我们现在很多问题，不是因为没有机会，而是面对机会时害怕前进。

于是，谢文东静下心来，认真思考：怎样才能唤起那人的干劲呢？他首先分析为什么会出现这些情况，然后找出解决方案，最后才采取行动。解决问题时如何克服"欲速则不达"呢？先来听一个故事。

屋檐下陆续飞来不少燕子，它们不辞辛劳，每天从大老远的地方衔回泥和草开始搭建窝巢。最终屋檐下建成了四个燕窝。

每天早晚，燕子们总会叽叽喳喳地唱歌，它们相亲相爱，成双成对。有一对燕子的爱情终得正果，它们有了自己的孩子。刚开始，只能看见点儿黑色的小脑袋，慢慢地看到了金黄色的尖嘴巴，再后来看见它们肚子上有着雪白的乳毛。燕子爸妈每天外出为孩子们寻食，飞回来一一送进每个孩子的嘴里，而且燕子爸妈是那么公平，从没有亏待过任何一个孩子。这一窝有四个小宝宝，可是，由于房子建得太小，它们一家六口住在里面实在太拥挤，一天夜间，一只燕宝宝被挤出掉在盆景里被水淹死了。

余下的三只燕宝宝，羽毛一天一天丰润起来，白天它们总是把小脑袋露在外面，有时它们会产生飞翔的渴望。几天前的傍晚，突然下起了瓢泼大雨，第二天，窝里竟少了一只燕宝宝。原来，那只燕宝宝已经死在花园里，那个位置正好是它们家飞出来的方向。

如果不下雨，这只燕宝宝或许不会葬身花园。不过，这只燕宝宝急了点儿，为什么不再等一等，毕竟它的翅膀和羽毛还没有长结实、长丰厚，还没有到能够独自飞行的时间。其实，这只燕宝宝就差那么一两天的时间，因为就在第三天的早晨，燕子爸妈带着两只宝宝全部飞走了，那一刻主人心里非常失落，因为另外一只燕宝宝永远不可能跟着它们走了。

面对团队干劲不足的现状，谢文东没有急于出手，他深谙“欲速则不达”的道理。可以说，在各行各业中，急是很难成事的，管理工作亦是需要慢的艺术。校长，尤其是新任校长在管理工作中“慢半拍”并非消极无为，而是在等待和观察中捕捉最佳时机，给自己下一步的工作留足思考的空间和行动的时间，然后再迈出最有力量的第一步，从而取得全胜。

教育管理是一个复杂的系统，急也没有用，所有事情在短时间内是不会“显山露水”的，于是谢文东决定先对管理现状、教学水平、教师及学生等进行一次深入而全面的了解。

新任校长一定要走出校长室，多到一线走走，对学校方方面面进行透彻的了解，找到关键，再实施相应的、切合本校实际的行动方案。

谢文东是一个比较年轻的领导，上任后采取了不急于进行教学改革的做法，这是一个耐人寻味的做法，也是一个最明智的做法。原因很简单，做事需要先稳住，再行动。

这里也有一个有趣的故事：单位调来一位新主管，据说是一个能人，专门被派来整顿业务。大多数的同事都因这件事而兴奋。一天天过去了，新主管却毫无作为，每天彬彬有礼地走进办公室后便躲在里面难得出来，那些本来感到十分紧张的消极分子，现在工作更消极了。

他哪里是个能人？根本就是老好人，比以前的主管更容易蒙混过去。四个月过去了，就在大家对新主管感到失望时，他“发威”了——消极分子一律开除，有能力者则获得晋升。其下手之快，断事之准，与四个月来表现保守的他判若两人。因为需要经过长期的观察才能辨别出谁是消极分子，谁是有能力者！这就是秘诀。因为有了慢下手，按兵不动的观察，才有了后来“下手之快，断事之准”的大刀阔斧的改革。

引领箴言：因为有了慢下手，按兵不动的观察，才有了后来“下手之快，断事之准”的大刀阔斧的改革。

谢文东显然懂得这个秘诀，后发制人，争取掌握主动权。他其实就是希望慢下手，先看清、稳住局面，再行动，以获得最大限度的支持。

有时，问题并不像我们想象中的那么简单，它牵涉到方方面面，一时半会是难以解决的，面对纷繁芜杂的问题，谢文东是怎样做的？他自己总结了三种策略。

第一种策略是运用具有建设性、创造性的头脑，就是拼头脑，拼智慧，靠策略取胜。

第二种策略是运用具有敏锐性、全面性的眼光，就是知人善任。

第三种策略是落实具有具体性、针对性的行动，就是实战。

这三种策略各有妙处，综合运用，效果更佳。

谢文东就用这三种策略来引领学校发展，无往而不利。

策略一　运用具有建设性、创造性的头脑

团队里有几个不团结的教师。一个叫卜某，一个叫余某。卜某当时的职务是政教主任，而且是学校的资深教师，曾为学校的教学改革做出很大贡献，是前任校长的得力助手，深受前任校长欣赏。余某是一位骨干教师，平时喜欢读书，阅读面广，再加上她口才好，不论是在教师聚会时，还是在教学研讨会上，总能引经据典，把大家说得心服口服，自叹不如。再者，她知识水平高、业务能力强、教学成绩突出，堪称学校中的佼佼者。然而，在学校里，余某又是一个很有个性的教师，遇事嘴巴不饶人，每次校长布置任务，或者是推行某项新措施，她总有自己的主张，认为这样做不好，那样做也不对，理论一串串，闲话一堆堆，常常跟领导抬扛，把领导逼到尴尬的境地，下不了台。现在谢文东想全面了解教职工情况，于是经常召开一些座谈会。开始只有余某有怨言，说开会影响了自己的工作、生活。后来是卜某和余某共同抱怨，后来引起了越来越多的教职工的抱怨，大家逐渐生出许多怨气。

心理学有个现象叫“破窗效应”。就是说，一所房子，如果窗户破了，没有人去修补，隔不久，其他的窗户也会莫名其妙地被人打破；一面墙，如果出现一些涂鸦没有被清洗掉，很快，墙上就会布满乱七八糟、不堪入目的东西；一个很干净的地方，人们会不好意思丢垃圾，但是一旦地上有垃圾出现，就会毫不犹疑地丢垃圾，丝毫不觉羞愧。这真是很奇怪的现象，心理学家研究的就是这个“引爆点”：地上究竟要有多脏，人们才会觉得“反正这么脏，再脏一点儿也无所谓”，情况究竟要坏到什么程度，人们才会自暴自弃，让它坏到底。任何坏事，如果在开始时没有制止，一旦形成风气，便改也改不掉，就好像河堤，一个小缺口没有及时修补，就可能崩坝，造成千百万倍的损失。

其实，谢文东只是想多了解一下学校，所以才多开了几次座谈会。卜

某又是一个重感情的人，怀念“前任时代”，所以就对谢文东有了看法。出于对谢文东的共同的不满，于是卜某和余某决定“唱反调”。

过了不久，谢文东又召开了一次会议。在会议上，大家都安静地坐着，等待着卜某和余某。谢文东在主席台上坐着，神情严肃，一声不吭。过了足足十分钟，会议室门外终于传来了二人的谈笑声，大家都认为一场“暴风雨”要来了，都等着看谢文东如何“收拾”这两位迟到的教师。

出人意料的是，谢文东的脸色却“阴转晴”，他渐渐露出笑容，把目光投向会议室门口，和颜悦色地迎接着二人的到来。等二人就座后，谢文东说道：“开学初，学校的准备工作很多，一定把你们都忙坏了。我想刚才那两位老师一定是忙过头了，刚才等了将近十分钟，希望大家理解，因为都是为了学校的工作嘛……”

通过这件事情，我们可以做出三个判断：第一，谢文东在当时还是比较有威信的，获得了许多人的支持，有群众基础；第二，卜某和余某此举是故意和谢文东“唱反调”，故意挑衅；第三，余某和卜某二人以为这样会让谢文东威信扫地，让他的决策难以执行。

从“唱反调”的态度和行动上，我们可以得出结论，他们的“唱反调”是徒劳的、白费气力的。想通过“唱反调”来阻碍教育管理的畅通，这简直是笑话。难道不能直接向谢文东提建议吗？

正是这种徒劳无功的“唱反调”，给后来发生的事情埋下了伏笔。

接着，谢文东在会上宣布因自己刚担任校长，最近可能需要每周召开一次会议。这时，余某在台下坐不住了，她举起手向谢文东示意：“我有话想说！”大家都知道，余某一定是按捺不住，又要耍嘴皮子了，接下来肯定是一场唇枪舌剑的交锋，大家都拭目以待。谢文东在这么多教职工面前如何对付这位出了名难缠的余某呢？

谢文东对余某的突然发难，显然胸有成竹。他先是示意余某把手放下，而后采用了一个高明的计策，就是扔“糖衣炮弹”，表扬她敢于提建议的精神，但就是不给余某任何发言的机会。请大家注意，每一个爱“唱反调”的人不尽相同，应对的办法也不可能一样。遇到“唱反调”的人，并非随意扔出一个“糖衣炮弹”就能制止，而要因地制宜，因人制宜，对症下药。只有这样，才能有效制止其“唱反调”的言行。

谢文东一看时机成熟了，又用一个“欲擒故纵”的妙计，邀请余某发言，其“醉翁之意不在酒”，是为了有效堵住余某的嘴。

自从那次会议后，不把谢文东放在眼里，公然漠视校规，敢于开会迟到的余某和卜某，再没有迟到过了，因为她们已经感受到了谢文东的宽容，领教了谢文东的高明，更害怕因为个人迟到让全体教师等待而引起公愤。相反，二人以后遇到什么问题，不再是私下表示不满，而是主动向谢文东提出建议。

说到这里，我们不得不佩服谢文东，面对教师的突然发难，能巧妙应对，又不失自己的威信，有效地树立了自己在广大教职工心目中的形象，赢得了广大教职工的尊敬。所以说，作为管理者不能“死脑筋”，需要讲艺术，学会运用策略。或许你转一转，所有事情又变了另一个模样，又有转机。

在教育管理中，新领导上任难免会遇到这种或那种问题，要解决这些问题，运用有建设性、创造性的头脑是关键。有的领导目光短浅，不切实际，极少进行独立思考，遇到问题后往往手足无措、心中无数，到头来把学校弄得一团糟。

谢文东经历过此事以后，认真总结经验，得出一个结论：在做事的过程中，有建设性的想法，有创造性的思考，是好的开端；但是光有头脑不行，做事还得靠胆略与勇气。所以，谢文东毫不犹豫地决定运用第二种策略——运用具有敏锐性、全面性的眼光。

策略二　运用具有敏锐性、全面性的眼光

许多人在唏嘘当今社会的“潜规则”的同时，也经常在私底下笑谈，在一些“皇亲国戚”汇集的地方，“头儿”如果没有很硬的“后台”，要管

好这些“皇亲国戚”，不是一件容易的事。

谢文东接手校长职位不久，一位教师想升职。这名教师很有“背景”，通过“特别关系”获得升职并非难事。谢文东一下子就陷入难题之中。不过幸好，这种场面谢文东见多了，十分沉着冷静。首先，他采取的策略是冷处理。冷处理是在很多方面都可以用得上的策略，将事情搁上一阵子，留有足够的时间全面地了解情况和思考怎样处理。而且这么一冷，暗示这位教师，晋升职务必须按规定来办。后来，谢文东大胆地使用了一个“激进”的方法，就是提升这位教师的职务，但不是他想要的岗位。这位教师虽然没得到自己想得到的职位，可是总归是升职了，也就满足了。可以说，谢文东的这个策略是十分高明的，为什么这样说呢？

若不让这位教师升职，摆明是不给上级面子；若同意其升职，他确实难以胜任那个职位，搞不好，学校就会乱套。于是，谢文东根据他的特长，将他放到适合他发展的位置上，还鼓励他好好干。正是谢文东的巧妙安排，大家才皆大欢喜。

在教育管理中，班子成员应该是多种人才并存，每个人都有自己的特长与优点，都能为学校的发展做出自己的贡献。所以，校长应尽量了解每一个教职工的优缺点，然后把他们安排到合适的岗位，为发挥他们的特长创造条件，把学校打造成“龙腾虎跃”之地。岗位安排合适并不代表一定能发挥出他们的才能，所以，校长还应该针对实际情况，运用竞争机制，激发他们的智慧，这样才能真正“盘活”现有人才，从而达到“才尽其用”的目的。一所学校的教师，之所以是人才，是因为校长有眼光、有胆略把他们安排到恰当的位置，让他们不断地发挥聪明才智。因此，管理者必须合理、有效和大胆地使用好现有人才，让教师在实践中成长，在成长中发展。

原中国对外经济贸易合作部副部长、WTO首席谈判代表龙永图在中国入世谈判时曾选过一位秘书。当龙永图选该人当秘书时，全场哗然，因为这个人根本不适合当秘书。在众人眼中，秘书都是勤勤恳恳、少言少语、做事谨慎，对领导体贴入微的人。但是龙永图选的秘书，处事完全不一样。他是一个大大咧咧的人，从来不会照顾人。每次龙永图和他一起出国开会，都是龙永图走到他房间里说："走吧，到点了。"对于日程安排，他有时甚至不如龙永图清楚，原本9点的活动，他却说9点半，经过核查，十次有九次他是错的。但为什么龙永图会选他当秘书呢？龙永图是在谈判最困难的时候选他当秘书的，当时由于谈判的压力大，龙永图的脾气也很大，有时候会在谈判桌上直接和外国人拍桌子，回来以后一句话也不说。每次龙永图回到房间后，其他人都不愿自讨没趣到他房间里来。唯有那位秘书，每次都是不敲门就大大咧咧走进来，坐下后就跷起腿，说他今天听到什么了，还说龙永图某句话讲得不一定对，等等，而且他从来不叫龙永图为龙部长，都是叫"老龙"或"永图"。他还经常出一些馊主意，被龙永图骂得一塌糊涂，但他最大的优点就是禁骂。无论怎么骂，他5分钟以后又回来了："哎呀，永图，你刚才那个说法不太对。"

这位秘书是个学者型的人物，他对很多事情都不敏感，人家对他的批评他也不敏感，但他是个世贸专家，他对世贸问题简直像着迷了一样，所以在龙永图脾气非常暴躁的情况下，在龙永图当时难以听到不同声音的情况下，这位禁骂的秘书对龙永图来说就显得分外重要了。

世贸谈判成功以后，龙永图的脾气好多了，"稀里糊涂"的秘书已不再适合龙永图的"胃口"，于是龙永图很快把他送走了。

这里，读者可不要误解龙永图是个过河拆桥之人。因为一个人在某个特定的历史背景、某个特定的历史时期，做某件事情适合，但是换一个时间，可能就不适合了。

诚然，龙永图是位卓越的领导，因为他非常清楚什么时候什么人最适合什么工作，什么时候该用什么人，什么时候不该用什么人，这一点，是常人无法望其项背的。

当代著作管理家韦尔奇说："让合适的人做合适的事，这比开发一项新战略更重要。"能够做到知人善任，让合适的人做合适的事，实现人与事的最佳配置，才有可能让一个人干得最好，把自己的能力全部发挥和贡献出来，从而创造出最佳的业绩。因此，管理者一定要知晓每一个人，认清每一个人，并给他们分配合适的任务，把他们放在合适的位置上，否则就会弄巧成拙。

领导想要干一番大事业，不仅要有头脑，还要有胆略，有胆略地干事是落实想法的推手，是困难的克星，是一种积极向上、勇于作为的思想意识，是一种消除胆怯的神奇力量。人一旦有胆略，就能激发自身的巨大潜力，产生动力，创造奇迹。有胆略的领导能给大家以振奋的信心、发展的信心、跨越的信心，从而坚定团队发展会越来越好的信念。谢文东的性格是，越是在困难面前，越表现出冲天的干劲；越是在挑战面前，越表现出无畏的斗志。在教育管理工作中，大多数校长缺少的不是智慧和思路，而是胆略。知难而退、患得患失，就会被困难所困扰；墨守陈规、故步自封，就会一事无成。但是，富有胆略并不是随心所欲地蛮干，也不是兴之所至、心血来潮、盲目冒进、拍脑袋想当然，更不是“气宇轩昂”地说大话、放空话、乱指挥，而是一种觉悟、追求和境界。

引领箴言：富有胆略并不是随心所欲地蛮干，也不是兴之所至、心血来潮、盲目冒进、拍脑袋想当然，更不是“气宇轩昂”地说大话、放空话、乱指挥，而是一种觉悟、追求和境界。

在处理这位教师升职之事的同时，谢文东趁机对人事进行了一些调整，一个学期后，学校终于走上轨道。接下来，谢文东就要做一件大事——落实具有具体性、针对性的行动。这件事情谢文东之前的几任校长一直想做但没做成，最后被谢文东做成了。在这个过程中，我们前面提到的余某起着关键作用。余某是一个个性鲜明但又出了名难缠的教师，谢文东既巧妙地发挥了她的长处又帮助她克服了自己的缺点，使学校的内部管理更加规范。

策略三　落实具有具体性、针对性的行动

谢文东了解学校的情况后，展开了一系列的教学改革行动，但部分教职工持有不同意见，还有一部分持中立态度，只有余某一个人支持谢文东。在这种情况下，谢文东仍然决定进行教学改革。

谢文东从物质文化、制度文化、精神文化三个方面开展教学改革。在物质文化方面，注重创设优美的教室环境，因为这直接影响到学生的学习生活质量，好的物质文化能带给学生一个好的学习环境，好的学习环境能使学生产生好的精神状态，更有利于他们健康成长。在制度文化方面，做到以法治校，健全制度，如提出教学评估制度不能只关注教学结果而忽略教学过程，应对教学进行综合评估。在建设精神文化方面，建议多开展一些特色活动，如体育周、艺术节、趣味运动会等，力求提高学生的综合素质。三个副校长各负责一个方面，直接向全校师生负责。

这次教学改革开展的艰难程度难以想象。一开始，只有少数教职工持支持的态度，但他没有动摇，依然坚定不移地推行自己的改革之路。后来大家看到谢文东的教学改革对学校发展非常有利，才转变态度，一致拥护和支持谢文东的教学改革。可以说，这次酝酿已久的教学改革是成功的。改革虽然需要依靠大家才能取得成功，但领导者的坚持和推动也很关键。

谢文东聪颖好学，喜欢琢磨新事物，特别是对名学校、名校长更有钻研，很有心得。这次谢文东有了平台，终于可以一展身手，他依靠的除了富有创意的想法、不一般的胆略之外，更重要的是积极的行动。

我曾听过这样一个故事，在一个边远地区有两个和尚，一天穷和尚对富和尚说：“我想到南边的海域游历一番，你认为如何?”富和尚说：“我一直想买条船去见识一下，可至今未能实现。而你一文不名，怎样去呢?”穷和尚说：“一瓶一钵就够了。”一年之后，穷和尚果真靠一瓶一钵步行到达南边的海域后又胜利返回。当他把在南海的所见所闻告诉富和尚时，富

和尚感到很惭愧。

俗话说：“千里之行，始于足下。”你不将想法付诸实践，怎能成功？从小处做起，积跬步而至千里，积细流而成江海，这就是成功的秘诀。穷和尚凭一瓶一钵步行游历南部海域，靠的就是脚踏实地的行动，富和尚困于一方，错在光想不做没有行动。

所以大家要记住，行动是关键。不行动，一切计划都是浮云，只有开始行动，才有成功的可能！学校要走上发展的轨道，管理者一定要立刻行动起来，立足现实，能做多少算多少，不要好高骛远。此外，管理者要优先解决那些自己力所能及的问题，对自己不能控制、无力解决的问题，不要盲目行动，而要寻找办法，伺机而动。“坐着谈不如起来行”，能引领学校发展几步是几步，在自己力所能及的范围内最大限度地解决问题。

正因为谢文东将行动落到实处，才使学校发展得越来越好。在大家的共同努力下，谢文东成功地将学校的教育管理引入发展的快车道。但就在这时，学校又出了问题。

三年级某班这学期转来了一名插班生潘某，刚来到学校时，对老师、同学都很有礼貌，碰见了谁都主动问好，上课专心听讲，积极举手发言，作业也能按时完成。在大家眼中，潘某是一个好孩子。

但是好景不长，一段时间后，潘某渐渐露出了他的本性，许多不良的行为习惯也慢慢地暴露出来，班主任屡次教育他，他依然我行我素，每天都想出不一样的“招式”去捉弄同学和老师，同学对他无可奈何，老师也拿他没辙。

这次，他居然当着全班同学的面去扒另外一位同学陈某的裤子，陈某转身怒气冲冲地给了潘某一拳，潘某也不甘示弱，于是两个人就打起来了。

之前，潘某总是有意无意地去招惹同学，导致每天都有学生哭哭啼啼地向班主任投诉，家长的投诉也越来越多。对潘某这个“混世魔王”，大家唯恐避之不及。现在潘某当着全班同学的面扒陈某裤子的这一行为，更是激起了学生及家长的不满。第二天早上，陈某的父亲就拿着一张有几十位家长联合签名的投诉书，怒气冲冲地直奔谢文东的办公室，他向谢文东愤怒地声讨潘某的种种不良行为，并强烈要求学校开除潘某。

谢文东听后对此事快速地做了两个判断。

第一，家长联名建议开除这名学生，说明这名学生一定有许多做得不对的地方，必须给大家一个合理的解释。

第二，如果开除潘某，潘某将何去何从呢？开除他对他今后会造成怎样的影响呢？

为了顺利解决这事情，谢文东先安抚陈某的家长的情绪，不急于答复家长的要求，然后叫来潘某的班主任，了解潘某的情况。陈某的家长满腹牢骚地说，本来班级好好的，孩子也学得好好的，潘某来了之后，全班就变得“乌烟瘴气”的，孩子都无心向学了。班主任也如实反映了潘某的情况，但并没有提任何建议。谢文东听完，沉默了片刻，决定采取以退为进的策略。他对班主任和陈某的家长说：“这么说来，潘某真的是要不得，不能因为他一个人影响到整个班级。”听到谢文东明确表态，陈某的家长的怒气消了不少。紧接着谢文东又对陈某的家长说：“您是一位通情达理的家长，虽然潘某犯错了，但是您并不像其他家长那么冲动，直接去找孩子算账，而是主动找我们一起商量。而且，您在家长中一定很有影响力，单从家长联名投诉书就可以看出来了。”一个高明的“糖衣炮弹”，让陈某的家长的情绪平稳了下来。谢文东接着说：“所以，我想请您从为潘某着想的角度来商量一下对他的处罚。如果劝退潘某，我们固然轻松了，但违背了我们教书育人的初衷。我相信您也明白这个道理。”陈某的家长一时语塞，不知道该如何回答。谢文东继续对陈某的家长说：“我们肯定要惩戒潘某，不过也请您再想想，如果是您的孩子犯错了，您忍心放弃他吗？”在谢文东的再三开导下，陈某的家长最后同意了谢文东对潘某留校察看的处理意见，还答应与其他家长进行沟通，争取他们的支持。送走了陈某的家长，谢文东马上找来潘某的家长，把整件事情的来龙去脉告诉了他。潘某的家长深感事态严重，十分愿意配合学校的工作。在家长配合之下，教师也加强了对潘某的引导教育，潘某的确收敛了许多，其他学生家长也不好再说什么。

其实，在学校里难免会出现个别调皮的孩子闯祸，关键是如何有针对性地避免这类事情再发生。这件事之后，谢文东果断采取了五个方面的行动。

第一，狠抓制度建设。所谓无规矩不成方圆，学校必须通过规章制度来帮助学生明辨是非，加强对学生的正确引导，约束学生的不良行为。

第二，狠抓榜样示范。榜样的力量是无穷的，学校要树立一批先进典型，引导学生向榜样看齐，养成良好的习惯。

第三，狠抓不良苗头。防微杜渐，及时发现学生的不良苗头，把学生的不良行为扼杀在萌芽中，不让不良行为大肆风行。

第四，狠抓家校配合。学校应该多创建沟通平台，经常主动和家长联系，家校配合，形成教育合力，促进孩子的健康成长。

第五，狠抓表扬激励。督促教师要做一个有心人，善于发现学生的闪光点，在学生努力形成良好习惯的过程中，进行及时的表扬。

通过这些事情，我们可以看到，谢文东不仅有头脑和胆略，而且能快速行动，从这一点来看，他十分清楚“最佳的进攻就是行动”的道理。

第五章

八小时之外引领修炼

在教育管理中，谢文东经过艰苦努力，迎来了学校发展的春天。但是他没有满足一时的胜利，他依然保持稳健的步伐和进取的精神，因为他坚信：只有校长具有较强的引领能力，学校才能飞速发展。而引领能力又不是一朝一夕就能形成的，它需要长期的修炼，并不断与时代发展保持一致。因此，谢文东不仅利用八小时工作日加强引领能力的修炼，更加充分利用了八小时以外的时间。那么，在八小时之外，他又做了哪些努力呢？从他的做法中，我们又取得什么借鉴呢？

现在特别流行一句话，即“成功在八小时之外”。人成功的关键在于八小时之外，教育管理者也一样。在八小时之内，每个人都没有太大的差别，最后发展得是否出色，就取决于八小时之外。只有在这八小时之外不断钻研、不断思考学校如何发展得更好，校长才能站得更高、望得更远，才能更好地引领学校前进。正因为八小时之外的不同，所以如何利用八小时之外的时间才更为关键。我们来看一个关于工作八小时之外的故事。

20世纪70年代末，一个日本年轻人开了间小杂货店。按照当时人们的经营习惯，杂货店一般在晚上10点钟关门。一天晚上，年轻人清理完货架准备关门的时候，店里走进几个买东西的人，年轻人接待了他们。送走他们之后，年轻人又在店里多待了一会儿，结果又有几位顾客上门。后来，这个年轻人改变了店铺的经营时间，每天营业到晚上11点才关门。由于比其他杂货店营业时间延长一个小时，他的店铺成了附近人们深夜购物的首选地点。一年过后，他的小杂货店规模扩大，营业总额达到了2亿日元。之后，他的生意越做越大，到2002年，他的公司总营业收入达到了48亿日元。这个成就大业的年轻人名叫安田隆夫，是日本赫赫有名的商人。

安田隆夫取得成功的一个重要因素就是他每天多营业了一小时。奇迹的产生并不困难，就看你每天有没有多花一些时间来努力工作。正是那多花的一小时，造就了安田隆夫的辉煌。

一个人只要每天肯多花一点儿时间来做有意义的事，不管是否与工作有关，日积月累，他都能获得回报。时间不必太多，每天一小时，足够了。

下面我们就讲讲谢文东如何利用八小时之外的时间引领教师修炼的故事。

谢文东在原来的学校做得有声有色，让人瞩目，俨然成为风云人物，也迎来了自己事业的高峰——被调任到湛江市第八小学担任校长。法国著名作家雨果说过一句话：“所谓活着的人，就是不断挑战的人，不断攀登命运峻峰的人。”意思就是只有不断去接受挑战，才能到达一次比一次更高的巅峰。事业处于高峰之时也是最容易遇到挑战的时候。在巅峰状态下的谢文东就遇到了一个巨大的挑战。

引领箴言：只有不断去接受挑战，才能到达一次比一次更高的巅峰。事业处于高峰之时也是最容易遇到挑战的时候。

谢文东到该校担任校长的时候，正是学校需要改革的时候。正值中年的谢文东，意气风发，踌躇满志。

一天上午，谢文东在校长室专心地研读文件，忽然接到上级领导的电话，说是半小时后将有一个教育考察团到校参观。教育考察团突然到校参观，让刚到任的谢文东有些手足无措。时间十分紧迫，唯恐接待不周影响学校的形象。该怎么办？谢文东丝毫不敢怠慢，马上通知学校全体行政干部，迅速做好迎接教育考察团参观的准备。谢文东稳定情绪，有条不紊地设计好参观路线，安排好接待工作，落实好打扫卫生等，要求各干部务必在限定时间内完成指定任务。

教育考察团如期而至，谢文东带领班子成员在校门口热情迎接。谢文东先将考察团领到接待室就座、喝茶，利用这段时间，让各部门做好充足的准备，随后又当起“导游”，带领考察团参观学校。

一干二净的校园、有条不紊的教学活动、精彩绝伦的学生作品等，充分展示了学校的优秀成果。大家都赞不绝口，不停地竖起大拇指。领导对谢文东的应对能力以及准备工作非常满意，并决定将“诵读秀”活动交给谢文东去办。谢文东知道自己刚到学校，很多事情还需要熟悉，许多关系还需要磨合，但还是毫不犹豫地接下了任务。

谢文东为什么这么痛快接下任务呢？这另有隐情。其一，谢文东刚到校，班子成员对他可能还存在一些不信任甚至排斥的现象。谢文东想借此机会换得相互间的信任与理解。其二，谢文东认为这是一次锻炼自己、“逼”自己学习的机会。接受了任务，既可以提高自己，还能让领导满意，最重要的是还可以把学校引领到一个新的台阶，何乐而不为呢？

其实，教育考察团不仅参观了谢文东他们学校，还去了当地另一所名校。上级领导把“诵读秀”活动不只交给了谢文东，还交给了另一所名校的刘校长。刘校长不仅岁数比谢文东大，而且社会声望也很高，谢文东一直拿他当长辈一样对待，有不懂的地方也主动请教他。

现在把相同的任务交给同一层次的两所学校来完成，更像是对两所学校的办学水平及校长能力的考查，这无形中增加了刘校长的压力，使他产生了一些嫉妒的心理。

一个人的压力无法排解，嫉妒心理滋长，往往易使其走向极端。我们来看个故事。有一只鹰妒忌另一只比它飞得高的鹰，于是对猎人说：“你把它射下来吧。”猎人说：“好，你给我一根羽毛我放在箭末，好把那只鹰射下来。”于是妒忌的鹰就在自己的屁股上拔了根羽毛给猎人。但是那鹰飞得太高了，箭到半空就掉下来了。猎人说：“你再给我一根你的羽毛，我再射一次。”于是，妒忌的鹰又在自己的屁股上拔了根羽毛给猎人。当然，还是射不下来。一次又一次……最后，妒忌的鹰身上已经没有羽毛可以拔了，飞不起来了。猎人转向它说：“我抓不住那只鹰，那么我就抓你好了。”于是猎人就把这只光秃秃的妒忌的鹰抓走了。

在心理专家看来，嫉妒其实是一种正常的情感体验。当职场人产生嫉妒心理时，常表现为工作上不配合、人际关系紧张、工作积极性降低等，如果这些现象长期存在，就会严重影响工作质量、人际关系，对个人和组织的发展都非常不利。

作为一名有经验的校长，刘校长深知，只有及时调整自己的压力、消除嫉妒，找到事情的突破口，才是正确之选。

引领箴言：在复杂的职场中，能控制好自己的嫉妒心理，并能将之化为动力，鞭策自己，这是我们需要修炼的一种能力，更是我们所要努力达到的境界。

刘校长决定“顺水推舟”。刘校长接受任务不久，知道谢文东也接受了同样的任务，便向上级建议说，谢文东年轻有为，有智慧，有魄力，将学校管理得有条不紊，无论上级交给他什么任务，他都完成得很好。这个任务是试点之行，不如让谢文东在他的学校先进行，成功了，再让其他学校学习也不迟。上级觉得刘校长说得有道理，就决定让谢文东在他领导的学校“先行一步”。

另外，刘校长知道上级手头上还有另一个重要的项目，正愁找人做。于是，刘校长毛遂自荐，主动接下了另一个重要的项目，而谢文东则被安排专心完成这项任务。

接到任务后，谢文东专心于“诵读秀”活动，决定用最漂亮的成绩来证明自己。

谢文东这个人，有个最大的优势就是善于学习、善于思考、善于发现，有了机会便要做到最好。因此，谢文东一有机会就拼命学习，为即将到来的挑战时刻准备着。

有这么一个有趣的故事，值得人回味。

一只蜘蛛在断墙处结了网，把家安了下来，但是，它的生活并不安宁，因为它常常会遭受风雨的袭击。一天，大雨来临，它的网又一次遭受劫难。大雨刚过，这只蜘蛛向墙上支离破碎的网艰难地爬去。由于墙壁潮湿，它爬到一定的高度就会掉下来。它一次次地向上爬，又一次次地掉下来……一直在里面避雨的三个人目睹这一过程后，开始讨论起来。

第一个人看到后，叹了一口气，自言自语地说：“哎，我的一生不正如这只蜘蛛吗？我们的境况就是这样，虽然一直都在忙忙碌碌，却一无所得。看来我的命运和这只蜘蛛一样也是无法改变的。”于是，他继续沉迷于颓废之中，日渐消沉。

第二个人在一旁静静地看了一会儿，不屑一顾地说：“这只蜘蛛真愚蠢，为什么不从旁边干燥的地方绕一下爬上去呢？以后我可不能像它那样愚蠢。再遇到棘手的问题我一定要用头脑认真思考，不能一味地埋头苦干，尽量寻找解决问题的捷径。”从此，他变得聪明起来。

第三个人专注地看着屡败屡战的蜘蛛，他的心灵为之深深地震撼了，他在想："一只小小的蜘蛛竟然具有如此执着而顽强的精神，有这样的精神就一定可以取得成功。我真应该向这只蜘蛛学习!"受这只蜘蛛的启发，他变得更加坚强，懂得从别人身上汲取力量，学习别人的优点。

而谢文东就像第二个人和第三个人的综合体，既主动接受现实，又懂得向别人学习理论并运用于实践，既检验自己所学，又提升自己的"实战"能力。这就是我们通常的策略——"兵来将挡，水来土掩"。反正不论接不接受任务，谢文东都不忘学习，机会来了，便将理论运用于实践，使自己的能力不断获得提升。

在实践之中，他运用了三个有效的策略，既引领学校迈向一个又一个新的台阶，又使自己的引领能力得到了质的飞跃。

策略一　与图书成为朋友

谢文东引领学校发展得红红火火，成绩卓越，招致不少人的眼红与嫉妒。面对别人的闲言碎语，他没有愤愤不平或瞋目切齿，也没有针锋相对，或争辩什么。他反而认为自己还不够优秀，还需要抓紧时间学习，提升自己，发展学校。

他决定与图书成为朋友，并坚持两个原则。一是教育管理方面的书要看。从事教育管理工作，关于这方面的书必须得看。再者，不用跋山涉水，在书中便能学习到世界各地优秀校长管理学校的经验，是一本万利的做法，很值得。二是"闲书"要看。虽然从事教育管理工作，但与政治学、哲学、文学等依然有很大的关系。懂得用，会转化，这就叫融会贯通。用得好，用得妙，你的"内力"就在一步一步上升。

引领箴言：不用跋山涉水，在书中便能学习到世界各地优秀校长管理学校的经验，是一本万利的做法。

与图书成为朋友只是谢文东提升“内力”的第一步。谢文东还有更大的决心，当然没有决心就不是谢文东了。别看谢文东一贯做事低调，但是满怀雄心壮志。此时他希望自己能尽快提升管理能力，以便更好地引领学校向前发展。

谢文东在等待一个机会。

机会终于来了！为了解决一批“麻雀学校”面积过小的问题，市政府决定实施扩校拆建工程。市政府下发文件，哪所学校准备好前期工作，就给哪所学校立项。谁不想自己的校园变得更大？谁不想在宽敞的教室里学习与教学？大家都想争取到这个项目，但是名额有限，怎么办？

当个别学校费心找关系、跑路子寻找领导支持的时候，谢文东领导的团队却在熬更守夜地撰写申报书，他们请教专家，咨询领导，忙得不可开交。谢文东还翻出平时的读书笔记和管理札记，从中获得了很多灵感，组织大家将申报书改了又改，一稿，二稿，三稿……这里拆除一幢年久待修的老楼，那里新建两幢教学楼；这里建设运动场，那里建设多功能教室……最后撰写出了既符合实际需要又具有前瞻性的申报书。

这至少说明两点：一是谢文东带领的团队很团结，上级一有任务便大伙一起干，心朝一处想、劲往一处使，紧密配合、互相支撑，形成一股强大的力量，势不可挡；二是谢文东平时的准备很充分，机遇来临时，可以做到厚积薄发，不会措手不及。

谢文东这次出手如此精准，貌似不费力气，其实他背后做了不少事情。

第一，读书。修管理学校之力，修从教之道，修做校长之本，这一切皆源于谢文东有针对性地读书。

第二，保证读书时间。每天挤出一定的时间坚持不懈地读书，让自己变得有气质，有内涵，有学养，更重要的是有思想，有理想。

几天后，谢文东就把学校拆建申报书放到了上级的办公桌上。最后，谢文东所在学校获得立项，经过扩校拆建，由以前的“麻雀学校”变成了街边花园式学校。另外，学校新建一栋教学楼和一个运动场，可提供600

个新学位，同时改变了人均活动面积不到 2 平方米的窘境。

引领箴言：当面对别人的闲言碎语时，完全可以不必理会，要抓紧一切时间提升自己，然后静候机会的到来。机会一来，就将自己学到的知识运用到实践中。

为了引领学校发展，谢文东还采取了进一步的措施，使自己的引领能力更加强大。那么，他采取的进一步策略是什么呢？从他的做法中，我们能得到什么启发呢？

策略二　让学习成为内需

综观所有的成功者，不难发现这样一个定律：他们都是学习者，对于知识的追求永不止步。时代在发展，知识在更新，人只有不断提升自己，才能适应社会的需要，才能变得更优秀。面对这个纷繁喧嚣的社会，太多的杂事、太多的理由使很多教师常常止步不前、停止学习。这是他们未能成为出色人才的一个重要原因。要想成为人才，必须时刻牢记自己的目标，一心一意朝着目标前进。同时，要抓住时代的脉搏，更新自己的知识，随着时代一同发展。

谢文东采取的第二个策略是“让学习成为内需”，将学习变为自己的内在驱动力。谢文东认为，要树立终身学习的观念，要通过学习使自己提升修养、丰富知识结构、增强理论底蕴，于是他不断探求、感悟、反思，时刻提醒自己用心学习，使自己逐步成为富有引领力的管理者。

为什么有这个不停止学习的动力？原来在谢文东身上发生过这样一件事，让他深刻体会到：不读书，教师的思维角度就会变得狭隘；不学习，教师的职业动力就会逐渐消退；不研究，教师的专业发展就会越来越慢。1991 年，谢文东初次担任行政工作，在这期间，学校进入高速发展的时期。谢文东在倍感欣喜的同时，却隐约感到一丝不安。是什么使他感到不安呢？原来，在担任学校的行政工作之后，谢文东全身心地投入学校的行政管理中，与自己热爱的教学渐行渐远。对教学工作和学术的疏离，让谢文东有了不安的感觉。远离课堂，导致谢文东的教育能力和研究能力裹足不前，对于教育前沿动态少有知情。

后来，谢文东将自己的困惑告诉了一位教育专家，教育专家对谢文东说，教师专业发展强调教师的终身学习和终身成长，只有严格而持续不断地学习，教师才能获得并维持专业知识及专业技能的提升，回到课堂，才能熟悉教育领域的发展变化，所以教师应时常“充电”，或是回到校园，或是参加进修班，以保持对专业知识的系统学习。专家的话让谢文东如梦初醒：自己应该“充电”了。

从此，谢文东开始工作、学习两手抓。白天在学校，他忙着处理学校的大小事务，稍有空闲就看时事、看《中小学校长》期刊、浏览校长论坛，等等。有一次，由于劳累过度，谢文东生病了，好不容易才被同事劝回家休息。尽管医生一再强调要多注意休息，但是在家养病的谢文东依然一边工作一边学习。看到谢文东如此勤奋刻苦，同事们都自愧不如，大家都对他赞不绝口：“谢校长绝对是我们的学习榜样！”“他告诉我们，他读书喜欢先把书读薄，然后再把书读厚。所谓将书读薄，是指将书本的零散知识归纳总结，提炼出精华，是一个消化、理解和融合的过程。而将书读厚，则是指要触类旁通，一步一步拓宽知识领域，是一个学习、接受和丰富的过程。书是我们成长路上的良师益友，良好的读书方法能够提高读书效率。”“从谢校长对专业知识的学习，我们知道了，教师的专业成长是教师的专业知识、教育知识与实践知识相融合的结果。从一名普通教师成长为一名卓越教师，必须从踏踏实实的专业知识积累开始……”这是教师们从谢校长身上得到的启示。在谢文东的影响下，学校的不少教师也开始了学习，或是自考本科，或是自考研究生。

正如孔子所说的：“学而不厌。”在知识经济时代，教师不仅是传授知识的人，更应该是知识的创新者，这就需要教师经常学习。多年的实践让谢文东明白，对于一个教师或领导者来说，学习是一个永恒的主题，不学习就会停滞不前，就会落伍，甚至被淘汰。

引领箴言：人要树立终身学习的观念，要通过学习使自己提升修养、丰富知识结构、增强理论底蕴，要不断探求、感悟、反思，时刻提醒自己用心学习，使自己获得成长。

除了读书学习“充电”外，谢文东还愿意低姿态地向同事学习。在进行校园文化建设时，谢文东找来梁主任一起研究。

梁主任在校园文化建设方案中提了三个基本要点。

第一，模仿其他学校建设校园文化的做法，进一步凝练校园文化建设理念，然后制订切实可行的方案。

第二，学习其他学校是如何宣传校园文化，使得校园文化深入人心的。向其他学校学习，发动大家一起参与校园文化建设，扎实推进校园文化建设人校合一。

第三，借鉴其他学校如何根据自己的特点，形成文化特色，然后找准切入口，形成自己的品牌。

谢文东认为梁主任提的这几点建议非常不错，向别人学习，取长补短，将大大拓宽校园文化建设的视野，使学校获得突破性发展。

常言道：“众人划桨开大船。”一位校长无论多聪明、多能干，都不可能单凭自己的力量推动学校发展，毕竟个人的力量是有限的。作为校长，应该广开言路，善于听取别人的建议，而且不论采纳与否，都要给提建议的人以鼓励，保护他的热情。唯有如此，以后才能听到更多宝贵的、有建设性的意见。

于是，谢文东态度诚恳地向兄弟学校的曾校长学习。就在曾校长着手建设校园文化的时候，谢文东恳请曾校长能让他学习学习。来到曾校长带领的学校，谢文东留心观察，细心记录，并就校园文化建设向曾校长请教该如何组织实施，如何提炼特色，如何形成规范、有序、高效的运行机制。

谢文东通过这次参观，总结出曾校长的一些优秀做法，认真学习；不过他也看出曾校长在某些方面做得比较粗糙，例如，有些工作做得比较表面，未落到实处，有些工作不注重细节等，他也提醒自己要尽量避免出现类似的问题。

引领箴言：在强手如林的社会中，如果能多向别人学习，善于取长补短，将大大拓宽自己的视野，获得突破性发展。

从接手“诵读秀”活动到扩校拆建项目，在完成一项又一项的任务的同时，谢文东时刻都不忘提升自己的引领力。这里给大家讲个小故事。有两个和尚分别住在相邻的两座山上的庙里。两山之间有一条小溪，两个和尚每天都会在同一时间下山去溪边挑水。不知不觉已经过了五年。突然有一天，左边这座山上的和尚没有下山挑水，右边那座山上的和尚心想：“他大概睡过头了。”便不以为然。哪知第二天，左边这座山上的和尚还是没有下山挑水，第三天也一样，直到过了一个月，右边那座山上的和尚想：“我的朋友可能生病了。”于是他爬上了左边这座山去探望他的老朋友。当他看到他的老朋友正在庙前打太极拳时，他十分好奇地问：“你已经一个月没有下山挑水了，难道你可以不喝水吗?”左边这座山上的和尚指着一口井说：“这五年来，我每天做完功课后，都会抽空挖这口井。如今，终于让我挖出了水，我就不必再下山挑水了，我可以有更多的时间练我喜欢的太极拳了。”

从这个故事中你能明白什么？我们常常为完成任务而完成任务，却忘记在完成一项任务的过程中去学习、积累，挖一口属于自己的井，培养自己另一方面的能力，这样，我们不用挑水也依然会有水喝，而且能喝得很悠闲。

当谢文东把引领力修炼到一定程度后，他下一步要采取的策略是什么呢？从他的做法中，我们又能吸取怎样的经验呢？

策略三　使修炼成为习惯

谢文东到湛江市第八小学担任校长不久，就要接连完成“诵读秀”活动和学校扩校拆建两个重大项目。开始时，谢文东感到比较吃力，一是工作繁忙，二是不太习惯。大家都知道，不管做什么事情都有必经的某些阶段，形成习惯也不例外，习惯的形成大致分为以下三个阶段。

第一阶段：第1～7天。此阶段的特征是，刻意，不自然，你需要刻意提醒自己改变，而你可能也会因为这种刻意提醒而觉得有些不自然，不舒服。

谢文东在第一阶段并没有决定自己以后需要怎样修炼自己、磨砺自己，他只是觉得自己的引领力还有待提高，要正确认识自己，了解到自己的不足，因此，他自己时刻提醒自己需要学习。

第二阶段：第7～21天。不放弃第一阶段的努力，持续重复，就跨入第二阶段。此阶段的特征是，刻意，自然。你已经觉得比较自然，比较舒服了，但是一不留意，你还会恢复到从前的状态。因此，你还需要刻意地提醒自己改变。

谢文东接到的任务一个接一个，一波未完一波又起。面对这些，谢文东时常提醒自己去学习和总结，只有这样才能让难题迎刃而解，为孕育下一次成功的种子做好准备。

第三阶段：第21～90天。此阶段的特征是，不经意，自然，其实这就是习惯。这一阶段被称为“习惯的稳定期”。一旦跨入此阶段，意味着你已经完成了自我改造，这种习惯已成为你生命中的有机组成部分，它会自然而然、不停地为你“效劳”。

最后，谢文东已经把修炼作为每天必不可少的事情，哪天不学习，就觉得缺点什么似的。他进入忘我的修炼状态，这是一种境界，达到这种境界的人，才会超越自身的束缚，释放出巨大的能量。

谢文东经历了这三个阶段，已把修炼养成了一种习惯。以后不管遇到什么情况，他都会在完成工作后挤出时间来学习。经过不懈努力，谢文东的引领力有了一个质的飞跃。

谢文东的引领力一步一步地提升，已达到一个相当高的水平。可是离成为一个优秀的引领者还有一段距离，不过，我们相信谢文东一定会成功的。我们回想一下，开始谢文东肯定没想到自己的引领力会修炼得如此强大，不过经历了一个又一个的事件与一次又一次的挑战，他的确是一步一步地在成长，他的引领力也一点一点地在积聚。

谢文东完成了一个又一个上级布置的任务，在完成任务的同时，其自身也不断地跨越，不断地成长，为迎接未来的挑战做好了充分的准备。但是，不是上级布置什么任务，谢文东都会接下来。谢文东清楚地知道，如果任务太多忙不过来，就会做不好。有所为，有所不为，这是他的做事策略。

每次完成重大任务后，谢文东都要进行一次或大或小的总结会议。会上，他听取大家的发言，结合自己的实践，反思自己的不足，最后把大家的意见内化为自己的智慧。他思考得更多的不是成绩，而是不足。谢文东的总结会有一个特点，就是今天完成一个重大任务，必须在今天进行总结，绝不拖延。

谢文东更厉害的地方在于，会为每一次活动拟写一副对联，借此挖掘活动的精髓，总结活动的意义，这无形中为一次次的活动积聚了灵感与创意。现在他已有好几本厚厚的对联集，这是对活动的写照，也是对管理的总结。

有一次，上级布置了教学质量监控的任务，谢文东刚好完成对儒雅文化评价体系的总结，他意识到两者有异曲同工之妙，便借此次机会将任务完成得非常出色。他的每一次修炼，便是一次发现，他的引领力就是这样不断获得提高的。

其实，谢文东要成为一名强大的引领者的愿望并不是很强烈，他不在乎自己的位置，他在乎学校的发展，在乎是否能通过自己的力量引领学校不断前进。但是，在此过程中，谢文东的确慢慢成为真正的引领者了。

第六章

成为引领者的发展王道

一般而言，做得出色的校长常常受到领导的器重、欣赏，但领导们的脾气性格有所不同，面对不同的领导要有不同的交流策略，如果处理不当，很容易与领导产生误会，小则影响个人的人际关系，大则影响学校的发展。那么，怎样才能处理好和领导的关系呢？在这方面，谢文东就表现得非同一般，面对不同的领导，不论是接受任务，还是私下交往他都能掌握好分寸，既做出了好成绩，又不会很高调，从而获得了领导们的认可。

有个词叫“领头羊”，请大家想想，一群羊中，为什么需要领头羊？领头羊有什么用？

答案非常简单，一群羊有头羊，才能找到前行的方向！曾经有一位摄影师到内蒙古大草原去旅游，某天，他看到了一群非常可爱的绵羊。于是，他拿起手中的照像机将这一画面拍了下来。当摄影师将这张相片洗出来的时候，发现这张相片太有意思了。整张相片上挤满了密密麻麻的绵羊，这上百只绵羊非常相似，唯有一只绵羊与众不同。在其他绵羊都低头吃草的时候，它却抬头回眸，瞪着大眼睛好奇地望着照像机的镜头，样子非常可爱。每一个看过这张相片的人无不被这头绵羊吸引住，并对其留下了难以磨灭的印象，而对其他绵羊则没有什么记忆。摄影师将这张相片取名为“领头羊”，并将它送去参加摄影比赛。结果，这张相片竟然获得了一等奖。获奖评语是这样写的：有差别的、与众不同的事物才能脱颖而出，才能吸引别人的眼球。

这就是“领导者的魅力”。一个团队总是需要一个带头人，一个团队的成败往往取决于团队的领导者，有魅力、魄力、预见力的领导能带领团队向正确的目标和方向迈进，而领导者的一个错误决断则很可能就将团队带入困境。对于一所学校来说，校长就是走在最前面的“领头羊”，要身先士卒，勇于探索；校长就是指挥家，只有熟悉乐章，指挥乐队团结合作，才能演奏出美妙的乐章；校长就是统帅，只有走好每一步棋，才能下出一盘好棋、妙棋来。

引领箴言：对于一所学校来说，校长就是走在最前面的“领头羊”，要身先士卒，勇于探索；校长就是指挥家，只有熟悉乐章，指挥乐队团结合作，才能演奏出美妙的乐章；校长就是统帅，只有走好每一步棋子，才能下出一盘好棋、妙棋来。

而作为上级领导，要想培养优秀校长，就应懂得放权，让校长尽情发挥聪明才智。放权不是撒手不管，而是有所为有所不为，是给校长足够的自由，让他们能创造性地去工作，使学校更加有序、规范、和谐地发展。

作为校长，应该在上级领导的要求范围内，抓住机会，发挥自主创造性，引领学校发展，不仅要想方设法调动大家参与教育管理的积极性、主动性和创造性，而且要为学校的运作、发展建立起科学高效的运行机制。

学校要想发展得好，必须处理好和“两头”的关系。把和上级和下属的关系都处理好了，那学校的“康庄大道”就容易走了。

因此，我们特别强调，作为校长，要处理好上下级的关系。谢文东在教育管理中又是如何“两头”都兼顾好的呢？

我们要从一件小事说起。

谢文东刚调到一所学校，开学不久就迎来了几位检查卫生的人员，他们检查之后，向谢文东提出意见——校园卫生还需要大加整治。后来，谢文东了解到，学校的卫生清洁工作一直都是由门卫负责的，这让他多少有些意外。卫生清洁工作量大，耗时长，让门卫兼职做，效果当然不好。于是，谢文东开展“两扫一除”活动，第一个带头打扫卫生。很多师生见状，纷纷加入，很快校园环境焕然一新。谢文东的身先士卒，赢得了大家的尊重和敬佩，之后不论是例行检查还是突击检查，校园卫生都是一次性通过，多次得到了上级的肯定和表扬。

领导要起带头示范作用，从自身做起，率先垂范，以良好的行为影响大家，绝不能律人不律己。谢文东就做了一个很好的示范，他的每一个微笑、每一个眼神、每一个动作，都传递着热爱、尊重与文明。他没有口若悬河的说教，没有训诫责备的批评，只有见微知著、大巧若拙的行为示范，用自己的良好德行与睿智引领着每一名教职工成长、进步。他既能很好地完成上级交代的任务，又能很好地激发大家工作的积极性。这就是精彩的管理，彰显着引领者的智慧，凸显着管理者的艺术。说到这儿，与大家分享一个有关幸岛短尾猴的故事。

位于日本南部宫崎县的幸岛是短尾猴的故乡。日本科学家对幸岛短尾猴的研究已有半个世纪之久，最著名的发现就是猴子也会清洗红薯。科学家将这种行为看作非人类种群表现出的一种文化现象。

1952年，日本京都大学的一位教授带着几名学生对短尾猴进行了观察研究，在研究的过程中，他们在沙土里种植了一些红薯，走的时候就把这些红薯留下了。后来，猴子发现了红薯，就开始作为食物来吃。由于是在沙土里生长的，红薯上经常粘着一些沙子，比较硌牙。后来，有一个聪明的猴子发现，把红薯放到水里洗一下，然后再吃，就不会硌牙了，于是它高兴地把这个发现告诉了身边的猴子，这些猴子也开始用水洗红薯吃，再后来，这些猴子又把这个秘密告诉了其他的猴子，甚至告诉了其他岛上的猴子。于是，一天，一个令人震撼的场景出现了，在皎洁的月光下，100多只猴子排着队在水里洗红薯，这就像预示着一个新纪元的出现。

这个故事说明了一个道理，一个人在小范围内做正确的事情的时候，他的行为可以影响到身边的人，而这种影响可以产生一种聚合效应。在管理团队里，领导带头谈目标、定目标、回顾目标就是在做正确的事情，而领导的这种行为可以影响到整个团队，使大家逐渐养成目标管理行为，最终形成自我控制意识。管理工作如果没有高层领导的支持和推动，没有高层领导的以身作则和示范作用，就很难推行。

谢文东能引领全校师生“动”起来有一个重要的原因，要把这个原因说清楚，就要从谢文东建立“家校论坛”说起。

用心地办学，教育好孩子一直是谢文东的办学信念。在现实生活中，家长娇惯孩子的现象屡见不鲜，谢文东对这种现象很担心，因为他知道，当爱失去理智或限度时，就会变成“毒药”，导致孩子的身心发展出现障碍，心灵发生扭曲，对孩子的未来会产生严重的不良影响。于是，他决定发挥学校作为教育孩子主阵地的主导作用，加强家校教育，建立“家校论坛”。每天在论坛布置一个“儒雅任务”，鼓励家长与孩子一起完成。例如，从今天开始，孩子要养成儒雅习惯：合理安排作息时间，家长和孩子一起商量时间计划表等。慢慢地，孩子的良好习惯就伴随着“儒雅任务”一天天养成了。原本一些家长还苦恼怎样教育孩子，自谢文东建立了“家校论坛”后，家长在教育孩子方面有了许多新认识、新方法。这样一来，既帮助孩子养成了良好的习惯，又加强了家校联系。

家长对谢文东的评价都非常高，久而久之，这些评价就传到领导的耳朵里，引起了领导对谢文东的关注。我们都知道：任何事情的发生，说到底都是有原因的。俗话讲，无风不起浪，事出必有因。风起浪生，风平浪静，这本来就是一个很普通的自然现象。

引领箴言：任何事情的发生，说到底都是有原因的。俗话讲，无风不起浪，事出必有因。风起浪生，风平浪静，这本来就是一个很普通的自然现象。

领导发现谢文东是个人才，就决定交由他完成一个重大项目。就这样，因为这件事谢文东被家长一致称赞，进而得到上级领导的欣赏。谢文东知道要将一件事做好，难；将一件事做到领导满意，更难。不过，谢文东意识到，这是一个挑战，用好了就是机遇，最坏的结果也就是“归零”，从头开始。他不再想那么多，主动地接过领导交给的任务。

请大家注意，接受任务是要有策略的，不仅要考虑方式，还要考虑对象。

领导大致可分为感觉型和直觉型两种。

感觉型的领导几乎完全依靠五官来与周围世界发生联系。他们通过触觉、味觉、视觉、嗅觉和感觉来认识此时此地的具体问题和真实细节。而通过这种方式得到的结果是他们最信赖的，这些信息也最先进入他们的脑海。他们喜爱那些看得见、摸得着的东西，关注自身工作是否符合实际，是否切实可行。因此，感觉型的人喜欢就自身经历、经验和对细节的关注来领导他人。

直觉型的领导会以一种完全不同的观点来看待世界。他们能迅速提出方案，预测未来的某些可能性，并且规划远景，但他们会忽略细节和具体事宜。直觉型的人首先关注远景图画，其次才是细节。通常，高层领导和行政人员都会具有这样的特点。在直觉型领导的种种与生俱来的能力之中，思维的系统性和战略性是尤为突出的。他们利用实际观察所得，形成一幅图景，推测未来的发展趋势，其间混合了大量的可能性，而这些可能性又与其他各种想法、可能、选择、事实和模式相联系。直觉型领导能够有效利用观察的结果，形成对未来的看法，并据此在实际工作中做出一些创造性的改变。而谢文东此时遇到的领导就是这种直觉型的，所以谢文东能根据领导的做事风格确定自己做事的方向与步骤。

因此，谢文东对上级委派的任务就爽快、信心十足地接受了。不论是毛遂自荐，还是上级委派，不管任务多艰巨、多麻烦，最后他都能完成得非常出色。因为，他不是为了完成任务而完成任务，而是在积攒自己成为一名成功引领者的筹码。他认为，完成一个任务，可以学习到很多东西，还可以学习从不同角度去思考问题，更好地培养团队。最主要的是，他学会了考虑任务的实效性与完成任务的时效性，这使他完成任务时更有把握。

有时个别领导会提出一些具有极强的主观性的建议，面对这种情况，谢文东并没有“照单全收”，而是从学校的实际出发，遵循教育规律，力求做得既好又稳。举个例子，有一次，谢文东接受了一个任务——为了拓宽学生的古典文学视野，要求学生每天识记唐诗宋词。从长远的角度来说，这无疑对提高学生的文学修养有很大作用，但是谢文东想，如果按照上级要求一定会加重学生的学习负担，与教育的“减负”相违背。谢文东认为，这事不能机械地执行，于是联合各年级的语文教师，带领学生每周识记一首唐诗或宋词，待到每周一的升旗仪式上，再集中考查各年级的背诵情况。领导前来考察时发现，谢文东已经很好地完成了这个任务，并且很有成效。殊不知，谢文东早已根据学生的作业量和接受程度，稍微调整了上级布置的任务。

谢文东接受过很多不同风格的领导安排的任务，而且每一次都完成得很漂亮，这是非常不容易的。关键是他把握了两个发展王道，抓住了事情的发展方向，懂得管理艺术。

我们一生中会遇到各种各样的领导和下属，每个人的性格类型又不一样。那么，面对不同的领导和下属，作为夹在中间的人，尤其是领导眼中的得力能人和团队中的指挥者，怎么和他们相处是一个大学问。处理好了，有利于整个团队的发展；处理得不好，不论是个人还是团队都会受到影响。谢文东也同样遇到了这样的问题，那么，他是怎样处理好与上级和下属的关系的呢？

策略一　做好课程改革的组织者

谢文东深知，和冷淡型的领导相处，要做到两点：一是勤奋而细心，二是忍耐而创新。如果领导把任务交给你后就不再过问，冷冷淡淡地对你，你就更要做好这两点。

一次，领导告诉谢文东，广东省关心下一代工作委员会（以下简称“关工委”）要到谢文东他们学校检查“关心下一代”工作，需要学校举办相关活动。

领导这回给谢文东这么大的挑战，谢文东的反应是什么呢？“来者不拒”！意思就是有任务来，主动接，对有挑战性的任务，更加乐意接受，勇者不惧。

任务重时间紧，谢文东只好和大家连夜布置安排。谢文东对这次活动花了不少心思，考虑到关工委的老同志不但具有威望、经验，更重要的是他们爱教育、懂教育、善教育，愿意帮助、支持学校。家长是教育的一股重要力量，如果能邀请家长一起参加这个活动，一定会获得良好的教育效果。这次活动不仅得到了退休教师和社会“五老”的大力支持，更重要的是几乎所有家长都来了，活动效果十分显著。举办活动时间因临近期末，考虑到有的学生考前焦虑，关工委团队让学生通过拔萝卜、铲青菜、栽树等活动，释放了紧张情绪。此外，为了让学生得到更多的帮助与关爱，谢文东建议设立“周末社区辅导站”“家校学习共同体”等。谢文东办事考虑如此周到与细心，让大家都很佩服。

为了推动全区的语文教学，领导准备在全区推动一项语文教学改革，并希望各中小学校长按他们的思路来进行。领导把任务安排下去，就不管了，各中小学校长爱怎么做就怎么做，最后拿出成绩即可。谢文东一直在想：要怎样改才能使师生不被负担压得喘不过气呢？谢文东决定以语文教研活动为抓手，围绕“海量阅读”开展语文课堂有效教学研究。在对学生课外阅读和语文课堂进行调查和分析后，谢文东确立了“课外阅读，课内实施”的方案。例如，开设一系列不同主题的学习馆，促进学生课外阅读兴趣；让经典诗文进入课堂等，力求让每一位学生都能品尝到学习语文的乐趣。一段时间过后，领导到各中小学考察，对谢文东的做法非常欣赏。

之后，领导又布置了一个任务“向课堂四十分钟要质量”，要求各中小学不能把这句话当作口号，要具体行动起来，要看到实效。这个要求看似简单，可是做起来一点儿都不容易。谢文东知道要想做好，必须得下功夫。不过，他并没给教师太多的压力，只是要求他们用心上好每一节课就行了。而他与科组长常常“推门听课”，有目的地进行课堂观察，分别从教学目标、教学环节、创新意图及改善提升等方面对执教教师进行指导。评课时，既注重集体研讨，又有随时随地的交流。对待年轻教师，采取“跟踪式”帮助，促使其体验“学习—行动—反思—再行动”的研究过程，强调扎实基本功。而对待老教师，则采用“自我诊断式”，注重教师的自我反省。此外，谢文东还为教师们提供了大量教学名师的教学实录，并且争取机会让他们到现场观摩和进行经验交流。让教师带着问题用心听、认真记、深刻谈，力求有所收获，有所提高。

在这种冷淡型领导手下干事，需要时刻注意工作方式。对这种领导布置的任务要重视，要组织好。领导对人对事冷淡，但你千万不能把他布置的任务不当一回事，而应该认真完成。

最典型的例子就是另一所学校的陈校长。陈校长年轻有为，是新上任的校长。陈校长心怀抱负，一心想为教育事业增砖添瓦，可是面对冷淡型的领导，他心里有许多小意见。关于陈校长是怎样在冷淡型领导手下干活的，我们这里说三件小事情。

第一件事，关于赛课。近来盛行幕课比赛，各中小学教师都积极参加，陈校长所在的学校有一位教师有幸获得了区第一名。陈校长就想，凭这一优秀成绩，这位教师可以获得参加市比赛的机会。可是，领导却安排了另一所学校一位实力也不错的教师去参加。陈校长跑到领导的办公室询问缘由，领导以名额下放、由别人安排的理由来答复。陈校长此行未果，就对身边的人指责领导做事不公，这话还不小心传到了这位领导的耳朵里。

第二件事，领导能为小学教师争取到很多到各地参加培训的机会，大家都很高兴，陈校长也过来跟领导“套近乎”。但是陈校长真实的想法是不希望教师去参加什么培训活动，因为这样一来，学校的教学任务就挤压在一起了，调整课程费劲，教学安排会混乱。领导知道这件事后，狠狠地批评了他。

第三件事，领导要求各中小学之间加强交流，促进教研活动的开展。可能由于刚刚开学，又加上陈校长新上任不久，管理工作还没走上轨道，未能腾出时间来进行，慢慢就把这件事忘了。领导知道后，亲自打电话来追究责任。

管理学研究发现，在领导身边工作，有三大忌讳。

第一，叫作“勿拆穿”。领导做事的风格，或好或坏，不能到处说，不能乱说。

第二，叫作“勿欺骗”。不要在领导面前做一套，背后做一套，两个样。

第三，叫作“勿轻视”。领导就是领导，不要轻视领导，不把领导当回事。

陈校长有意无意间把三大忌讳都触犯了，失去了领导的支持，他的工作怎么能开展好呢？下面我们来看一个故事。

约瑟夫和威廉是好朋友，他们同时被一家公司录用。在开始的半年里，他们一样努力，每天工作到很晚，最后都得到了总经理的表扬。可是半年后，约瑟夫得到了提升，从普通职员一直升到部门经理。而威廉却似乎被冷落了，还是一个普通的职员。

终于有一天，心中不平的威廉向总经理提出了辞呈，并痛斥了公司的用人不公。总经理没有生气，他希望帮助威廉找到问题的关键。

总经理微笑地看着他，说："威廉，请你现在到集市上去看看，今天有卖什么的?"威廉很快就从集市回来了，说："刚才集市上只有一个农民拉了一车土豆在卖。""一车大约有多少袋？一袋大约有多少斤?"总经理又问。威廉又跑去集市，回来说有10袋，共100斤。"价格是多少?"威廉再次跑到集市上。当威廉回来的时候，总经理对气喘吁吁的他说："休息一会儿吧，你可以看看约瑟夫是怎么做的。"

约瑟夫需要完成的是同样的任务，但结果大不一样。他很快就从集市回来了，并且向总经理汇报说，到现在为止只有一个农民在卖土豆，土豆有10袋共100斤，价格适中，质量很好，他带回了几个让经理先看看。另外，这个农民还有几筐刚采摘的黄瓜，价格便宜，公司可以采购一些。他不仅带回了黄瓜的样品，还把那个农民也带来了，他现在正等在外面。

听完约瑟夫的汇报，总经理非常满意地点了点头。而这时，站在一旁的威廉也已经明白了一切，这就是普通职员和部门经理之间的差别。

两人面对同样的领导，领导感受到的是不同的办事方式。效率的差别来自办事方式的不同。约瑟夫能够由普通职员升为部门经理，并没有什么特殊原因，关键在于他能够延伸自己的思维，比别人想得更多一些。他能从整体上考虑问题，可以有效地将有关联的工作联系在一起，全心全意想着怎样把事情做好，而不是像威廉那样辛苦工作却效率低下。

我们都知道，年轻人一般都年轻气盛，喜欢直来直往，有什么说什么。如果能遇上欣赏年轻人这种豪爽、直白的领导还好说，如果遇不到这样类型的领导，就难免会碰壁，也难免会闹出一些尴尬的局面。那么，面对同样一个领导，谢文东是如何处理与领导的关系的呢？在这样的领导手下，谢文东又是怎样带领团队去工作的呢?

谢文东是个比较机智的人，在领导身边工作，即使领导对他特别信任，他也没有得意忘形。

一次，领导把"课堂变革"这个任务交给了谢文东，让谢文东将自己学校作为试点进行课堂变革，成功后再向区、市推广。教学是学校工作的重点，抓好教学工作是教育管理的重头戏。因此，领导一再要求谢文东把这个工作做好。谢文东二话不说就接下了这个颇有意义的任务，并且很快组织团队一起研究、开展课堂变革。虽然大家都觉得这个任务完成起来有一定的难度，但是大家还是很积极地投入这项活动中。一开始，大家意见不一，谢文东决定让他们“八仙过海，各显神通”，然后汇报成果。可是没过几天，领导就质问谢文东“课堂变革”这项活动是怎么搞的，居然有家长投诉到他那儿了。家长为什么投诉呢？原来，有的学生回家向家人反映，自己变成隔壁班的学生了。因为他们班的老师为了节约时间，将两个班合并在一起上课。例如，这个教师下午有两节课，另一个教师下午也有两节课，那么第一节课，这位教师给两个班集中一起上课，第二节课，另一位教师给两个班集中一起上课。教师认为，上课时间少了，讲起来就更有激情，教学效率自然而然就提高了。家长质疑教师的这种做法，就向教师了解情况，但是有些教师拿“课堂变革”来搪塞家长，无奈之下，家长就把此事投诉到上级主管部门那里了。

在这种局面下，谢文东应该怎么做？怎么样才能使领导放心呢？谢文东先把完成任务的过程如实地向领导汇报，然后把这次投诉的事情接过来，并保证尽快给领导和家长一个满意的答复。领导本想亲自到学校解决这一问题，但听了谢文东的承诺后，决定让谢文东去做这件事。一天不到，谢文东就把满意的结果呈现给了领导。领导对谢文东的办事能力还是挺信任的，最后也就不再过问。

这里谢文东采用了“高效率”策略，高效率地做事，能使你在工作岗位上充分发挥自己的才能，赢得别人的赏识。

谢文东还使用了“水到渠成”策略。对于这件事，谢文东没有直接去批评那两位教师，而是先召开了“课堂变革”的教师会议。在会上，谢文东首先让每位教师进行个人汇报，然后进行小组讨论，最后进行自我反思和自我提升。无疑，那两位教师的做法遭到许多教师的质疑。谢文东没有在会上特别多说什么，只是提出警告。会后，他才私下找到那两位教师谈话，帮助他们深入认识错误。在刚才的会议上，那两位教师已认识到自己的错误，现在再听谢文东的分析，就更加深刻认识到了问题的严重性，表示会端正对“课堂变革”的看法，努力创新教学模式，提高教学质量。

谢文东使用了“高效率”和“水到渠成”两个策略，既让领导放心地把事情交给自己去做，也维护了自己学校教师进行教学改革的积极性。

《三国演义》中有一个人物叫鲁肃，是个“和事佬”，一个忠厚而又平庸的“老好人”。他在周瑜和诸葛亮之间就是在“和稀泥”，他的目的很明确，就是能够维持一个孙刘联盟的形势，虽然《三国演义》里面鲁肃作为政治家的锋芒被完全淡化了，与历史上那个东吴政治家鲁肃相差很远，但是书中所描述的鲁肃却能平复两者的情绪，让他们专心干活。谢文东兼顾“两头”的方式与鲁肃平复两者的策略很有异曲同工之妙。事实上，没有难伺候的领导，也没有不听话的下属，只有不用心研究的中层领导。因为不管什么样的领导与下属，他们都是人，都具有人的特征和习性，所以，只要了解领导与下属的脾气和作风，见招拆招，就不会出现难以兼顾的问题。

引领箴言：没有难伺候的领导，也没有不听话的下属，只有不用心研究的中层领导。因为不管什么样的领导与下属，他们都是人，都具有人的特征和习性，所以，只要了解领导与下属的脾气和作风，见招拆招，就不会出现难以兼顾的问题。

生活中，人们经常会出现大声争吵的情况，哪怕起因只是一件鸡毛蒜皮的小事，可是常常因为双方过于激动，话语越说越难听，最后动起手来，引起严重后果。如果有人能站出来为双方“压火”，听双方“诉苦”，站在公正立场劝解双方，其实，产生矛盾的双方大多会“息怒罢兵”，接受调解。这里，“和事佬”就起了非常重要的作用。人们之间要互相关心，发现邻居间吵架时，要主动询问，乐意充当“和事佬”，为社会和谐尽力。同样，做事也是一样的道理，下属对上级的任务有怨言，上级的指令又不得不传达，要想双方都能得到满意的结果，就要看“和事佬”怎样引导、怎样去做双方的工作，最终让双方都满意。

有一个管理策略，叫作“避雷针效应”。在高大建筑物顶端都安装有一个金属棒，用金属线把这个金属棒与埋在地下的一块金属板连接，利用金属棒的尖端放电及金属的导电性，使云层所带的电被大地带的电中和，从而保护建筑物避免雷击。这个“避雷针效应”充分体现了善疏则通，能导必安的道理。作为中间桥梁，谢文东关注下属的心理和思想问题，经常与下属谈心、交流和沟通，而面对上级的任务，有时虽然要求苛刻，但都主动接下来，然后和下属分析情况，一起迎难而上。工作上，也难免会遇到各种让人气愤、不平的事情，面对此类事情，我们要学着装上“避雷针”，只有及时让大家疏导情绪，调节心理状态，才能使大家冷静地做出正确的决策。谢文东就做到了这两点，所以上级放心把任务交给他，下属也愿意协助他完成任务。

谢文东凭借自己的聪明才智，踏踏实实思谋，认认真真做事，把握好自己与上级、下级的关系，定位、到位、不越位，听从、跟从、不盲从，建功、立功、不居功。在课程改革的过程中，做到勤奋细心，开拓创新，获得了上级的认可和下属的支持。后来现任领导调任其他岗位，新领导的做事风格与之恰恰相反，这么一冷一热的，谢文东能受得了吗？

按理，如果换一个“热心”的领导，不用做太多事情了吧？不是，谢文东做事更加卖力了，更加兢兢业业、诚诚恳恳了。为什么？因为新领导过于热心于教育管理的具体事务。那么应对这种领导时，谢文东采取的是什么策略呢？

策略二　做好团队建设的组织者

我们通过几个事例来说明谢文东的新领导的风格。

虽是行伍出身，但对教育情有独钟。一次，新领导到谢文东所在学校调研，在了解了学校情况后，便向全体教师介绍该如何提高工作效率。新领导说得头头是道，兴趣盎然。俗话说：“在什么山头唱什么歌。”说实话，新领导这番话如果是对军人说或许行得通，但是对教师说就显得很勉强了。教育局长不懂教育的特点和规律，如何管理教育？于是乎，大家都在私底下耳语，一时间现场气氛十分尴尬。

谢文东知道新领导是出于好意才说的这番话，他马上上去打圆场说现在流行跨界合作，新领导的话对我们很有启发。谢文东对上级的话没有偏听偏信，而是从专业的角度出发，遵循教育规律对学校进行科学管理。

后来，新领导又到谢文东所在学校观摩课堂教学比赛，但听了一节课后，便向谢文东提出疑问：“某教师上课只讲二十分钟，其他时间就让学生自己看书了，这位教师的做法对不对？”接着又说了一番自己认为的教师应该怎样上课。他也许认为让学生自己看书不算教学，才急于提出意见。谢文东耐心听领导说完，然后向他解释：“强调讲，是传统教法；强调听，是传统学法。民国初期《小学生守则》对此就有明确的规定，这说明教师的教、学生的学在那时是课堂的常态。但是，现在不同了，新课程改革强调教师指导、学生自主。教师的教不等同于讲，如果一味地讲，就等于灌，等于填。讲得太多，学生理解不了，就会‘消化不良’，在学习上不但进步不了，还会出现倒退的现象。同样，学生的任务是学，学习不仅要‘听’，还要‘思’。”

谢文东接着说，传统课堂，教师讲授的风气太重，重复过多，没有人会对不断的重复不产生困倦，小学生这样，中学生也会这样，“听懂了”“会了”，教师为什么还要没完没了地讲？学习时间有限，不能耗费在毫无意义的重复上。有效教学强调讲授得法，重视知识的迁移、拓展和应用，强调让学生通过自主探究，将知识内化为能力，从而获得智慧。教师要有会讲的技巧，少讲的智慧。听完此话，新领导问，学校办学的关键是什么？

谢文东答：“学校办学的关键是教师和学生。我们一直非常重视教师队伍的建设，除了引领教师更新教学观念、创新教学模式外，还经领学生改变学习方式。教师的教和学生的学是双向的，两者正处于磨合期。在课改过程中，可能出现这样那样的问题，但从长远角度来看，改比不改好。”领导听后点点头，表示认同谢文东的说法。

谢文东所在学校位于马路旁，道路狭窄，人流密集，上学放学时间，恰逢上下班高峰期，交通几乎瘫痪。家长和教师对此抱怨连连，甚至有人向市教育局、市交警支队投诉，但都无济于事。新领导把谢文东找来，对他说，学校前的道路交通是一个老大难问题，不但你们学校有，其他学校也有，群众对此很有意见，你必须限期解决这个问题。

谢文东这个人很爽快，一有任务来便接。他深入研究，采用了如下措施：一是联合交通管理部门挖掘道路资源，在学校附近选择比较开阔的路段，划出固定停车区域，作为家长接送学生时的临时停车位，并安排交通协管员引导车辆有序停放；二是上学放学时间与上班下班时间错开，缓解交通压力。除此之外，他向家长提出两个建议：一是路近的家长尽可能用自行车接送孩子，同时家长可以根据孩子的自身情况，从培养孩子的独立自主能力出发，让孩子自行上学放学；二是拼车接送，对于家住同一小区、在同一学校上学的学生，家长们可以相约拼车接送。谢文东的“两个措施”“两个建议”实施不久，学校前的道路交通状况就得到了很大的改善，家长和教师一致赞扬，上级也给予了肯定。新领导很欣赏谢文东“有做必果”的风格，就想把市区各中小学校长请到谢文东他们学校，学习谢文东是怎样把学校前道路交通拥挤这个老大难问题给解决掉的。谢文东并不想借此出风头，于是用委婉的方式对领导说：“我把做法告诉您，您去与大家分享就好了，您就不用跑来跑去组织开会了。”领导听了谢文东的话，觉得挺有道理的，就按照谢文东说的办了。谢文东最后不用为“现场会议”迎来送往，省了不少精力。

这件事情让大家心里都忐忑不安：遇到“太热心”的领导，应该怎么办？我们不妨学学怎么拒绝他人。

比如，当我们因忙碌而不能分心时，电话响了，我们按了绿色的键，原想：一两句话就可以解决问题。可是，听筒那边传来朋友的哭诉：“我母亲简直把我逼疯了，我该怎么办呢?”

也许，我们只打算宽慰她几句：“知道你现在很难过，但我也无能为力，真是抱歉。”因为除此之外，我们并不能帮她解决母女之间的矛盾，但还是会不自觉地接住朋友抛来的球，试图帮助别人。

结果不仅自己的事情被耽误了，也没能帮上别人的忙，只好沮丧地向朋友表示歉意。

然后，当我们回到自己的位置时，发觉自己已经浪费了许多时间。于是，心理的压力骤增，沮丧、懊恼等情绪，也霎时涌上心头，进而觉得每个人都在向自己施压，每个人都在向自己提出要求……这些烦恼，来自于“多管闲事”。

人生当中，我们自己的生活步调太容易因为介入他人的琐事而发生改变了。其实，不应该接那个“烫手山芋”的，不是吗?!朋友打来电话求助，如果我们的确帮不了忙，不妨拒绝。不要担心这样做会显得“不够朋友”，因为你试图帮其解决的举动不过是没必要的介入。

因为，生活的第一要义，就是保持自己轻松平和的心情！所以，不接那个“烫手山芋”，是为了维护自己人生的意义、珍视自己的生命，不要过于担心朋友会有什么想法。

这并不是说永远都不要接“烫手山芋”，接不接取决于自己的判断和选择。要先了解自己的能力，要看自己的能力允许与否。

对多数人来说，每天都会有许多“烫手山芋”抛向自己，包括来自工作、家庭、亲戚、孩子、邻居、甚至陌生人的。如果一个不漏地接住这些“山芋”，不但吃不消，甚至可能精神崩溃。

人，需要有自我保护意识。因此，学会“不理会”，是我们变得理性、成熟和更有理智的开始。其实，不论是在生活还是在管理中，学会拒绝都是一门高深的学问。

通过以上几件事情，我们看出新领导属于过度“热心”的领导。有时喜欢提意见，做事雷厉风行。这可能是他在部队里养成的做事习惯和风格。新领导向来说一不二，他认为做事如果像小脚老太一样，慢慢腾腾，一步三晃，学校的跨越式发展目标将无法达成？

在这种领导手下应该怎么干？外行领导内行，迫使内行放弃常识去做事，这应该是危险的事。在建设团队方面，谢文东并没有听之任之，而是用一种“中庸”的方式上通下达，谦虚而低调、温和而有理。

谦虚而低调就是和蔼可亲而又平易近人。不论自己成绩多大，能力多强，作为一校之长对下属都要像水那样柔和、谦虚，要学会低调。要知道，有一种奢华，叫低调；有一种从容，叫谦虚。

引领箴言：有一种奢华，叫低调；有一种从容，叫谦虚。

温和而有理就是温和而理性地主动向上级提建议，有理有节地向下属表达观点。没有对抗，也没有居高临下，而是用平和的态度和领导交流，用平等的姿态和下属对话。其实干成一件事未必非要怒目金刚式地和他人沟通，也不一定非要破坏彼此间的关系。温和而有理的待人处事方式，温和而有力量，中肯而能服众。

引领箴言：其实干成一件事未必非要怒目金刚式地和他人沟通，也不一定非要破坏彼此间的关系。

凡事做得过头是不行的。我们讲一个简单的故事，大家就对此一清二楚了。古时候，楚国有一个大户人家举行了一次祭祀先祖的活动。之后，这家人想把用过的一壶酒赏给下人喝。可是，下人这么多，一壶酒怎么够他们喝呢？要想喝得痛快只能给一个人喝。那么，这壶酒到底给谁呢？有人提议：“我们每个人在地上画一条蛇，谁画得最快，谁画得最像，这壶酒就给谁喝。”大家认为这个办法很好，于是就各自在地上画起蛇来。有一个人画得很快，一转眼的工夫就把蛇画好了，这壶酒应该属于他。他得意地拿起酒壶正要喝酒，看到别人都还在画，而且画得很慢，就想显摆一下自己。于是，他左手拿着酒壶，右手继续画，口中还说：“你们画得太慢了，我再来给蛇添几只脚，等等你们吧！”正在他得意扬扬给蛇添脚的时候，另一个人已经把蛇画好了。那个人一把夺过酒壶，把酒喝了个精光。先画好蛇的人很气愤地叫嚷着："我先画好了蛇，你怎么把酒喝光了呢?"那个喝光酒的人说："蛇本来是没有脚的，你为什么给它添上脚呢?既然画上了脚，就不再是蛇了，你虽然先画完，但你画的不是蛇，所以，我才是第一个画好蛇的人，酒当然应该属于我。"给蛇添足的人无话可说，他懊悔地看了看大家，垂头丧气地走了。

谢文东的聪明之处就在于做事恰如其分，不急不躁。也正由于这点，每位领导对谢文东都甚是赏识和器重。谢文东有一颗"在其位，尽其责"的事业心和一份责任感。这种事业心和责任感来自于促进学校发展的紧迫感，来自于心系师生的服务意识。他能干好所有事，因为他思路具有前瞻性，做事具备主动性，上级安排给他的工作，他都能干得富有创造性。

在团队中，谢文东取得成绩时，并不揽功，喜欢与下属共同分享；犯错时，敢于承认错误，容易取得下属的谅解。谢文东不是靠权力，而是靠实力取得的成绩，踏实的作风和人格魅力使他获得了下属的信任和支持。于是，谢文东有难题、有任务时，下属都乐意来帮助。因此，谢文东与下属的相处是非常融洽和谐的，既有领导的威信，又不失亲和力。

要想实现学校的愿景，首先要坚持科学发展观，完善各项日常规章制度，规范学校日常管理；坚持以教研为抓手，打造一个出色的教师团队，注重引导教师加强学习、提高素养、革新观念、转变角色、树立教研意识。要通过教研工作，促进教师的专业成长，以打造一支优秀、专业的教师队伍；要让学生在活动中受到教育，同时在特色活动中彰显学生的个性；要拓宽办学思路，坚持特色办校的发展之路，开展具有校本特色的实践活动，办出自己的特色。

第七章

让“引领”引领未来

很多学校前期发展得的确很不错，可是越走到最后，发展就越一般，有些甚至落后于其他学校。出现这种情况往往是因为学校发展规划出了问题，那么，什么样的发展规划才是成功的呢？谢文东在教育管理中不仅注重对学校当前的管理，还注重对学校未来的引领。那么，谢文东引领学校发展的方法究竟有哪些呢？

法国现代经营管理理论之父亨利·法约尔说："管理就是预测和计划、组织、指挥、协调以及控制。"大家都知道管理少不了计划，可是有的校长总是顾着眼前怎么发展，校园这一角应该怎么弄，下星期举办个什么活动，却只字不提学校未来应该发展成什么样子，当前这些行为对未来能起到什么延续性的作用。这样的例子比比皆是，出现这种情况的原因大都是学校的发展规划出了问题，那么，要想学校不仅现在发展得好，未来也要发展得好，究竟有什么好方法呢？在这方面，谢文东就做得很好。从事教育工作三十年，不论是校园文化的建设及发展、自身的专业提升，还是教研团队的打造，他一直都很努力地做着规划。那么，谢文东在引领学校未来发展上有什么诀窍？我们从中又得到怎样的启发呢？

有一句话说得好，"凡事预则立，不预则废"。这句话的重点是"预"，"预"的关键是怎么预先、事先知道；"预"是长远规划的基础，只有"预"好了，才能确定学校发展的方向和奋斗的目标。谢文东是怎么将长远的规划切成不断发展的战略之片的呢？他当前实施的发展计划又为学校未来奠定了怎样的基础？

"百年寿限不准有，百年计划不可无。"教育管理发展如果不顾及未来，最终只会落后。学校之大，不在于面积的大小，而在于学校的内涵。所以，若要发展学校，校长就要对学校的未来发展进行科学规划，为学校的未来奠定基础。在这方面，谢文东做得很不错，具体表现在对学校发展的有效引领上。下面我们来看看谢文东引领学校发展的故事。

在谢文东的学校，你可以很容易感受到学校全速发展的势头。以学生发展为中心的教育理念已经深深植根在学校每一位成员的思想和言行中。以往，学校对学生的评价以考试分数为主，很少全面、客观考查学生的综合素质。但是，谢文东坚持以学生全面发展为重，以学生个性发展为主。他认为，要实施素质教育，就必须建立一系列全方位、多角度的实施方案，使学生的身心健康发展、学业成绩有效提高、创新意识和实践能力快速提高。谢文东决定把这一思路作为一项科研课题进行研究，以求构建一个以道德规范、文化提升、综合实践、艺术素养和身心发展为核心的综合体系。比如，每年举行一届特色活动——英语节，旨在激发学生对英语学习的兴趣，提高学生英语的听、说、读、写能力。谢文东想借搞活动的契机，营造浓厚的英语学习氛围，让每个学生都找到自己身上学习英语的潜力，增强自信心，提高开口说英语的能力。并以此努力培养学生的创新精神和实践能力，丰富校园文化。

谢文东倡导的英语节很受大家欢迎，如第二届英语节“征集节徽”活动，通知发出不久，就收到了百余件作品，最后评选出若干优秀作品，并在英语节上给予隆重表彰。英语节节徽设计本来应是少数学生的“规定工作”，很多学生会对此持一种“事不关己，高高挂起”的态度，而这次从筹备到参赛到表彰，均由学生负责和组织，充分发挥了学生的主体作用，大大激发了学生的积极性，最后人人参与，人人快乐，人人有收获。校园英语节成为每个学生的节日，让每个学生在轻松愉快的活动中运用英语，体验学习英语的快乐；让每个学生在活动中找到自信，想说、敢说、能说、乐说，这无形中提高了教育的成效。

谢文东认为，当今社会发展即使有“功利”的倾向，学校的发展也绝不能以牺牲学生为代价。教育要去功利化、去庸俗化和去市场化，要注重学生的身心发展、综合发展。

我们通过这件事，得到两个信息。

第一就是谢文东注重对学生的人文教育，从培养学生的综合素质出发，学生缺什么，就尽量给什么。

第二就是谢文东注重学生的未来发展，不急功近利，事事都着眼于学生的持续性发展。

现代教育理念认为，教育应承认并尊重每一个学生的个性，承认并尊重每一个学生的潜能，承认并尊重每一个学生的差异。学生水平不齐，有差异是自然而合理的，如果按同一标准来看待学生的发展，就可能断送学生的未来，这种办学方向显然是不对的。

谢文东特别注重教育观念在教学实践中的落实，在将思想转化为行动的过程中，很注重预测形势，坚定方向。谢文东认为，预测形势、坚定方向，是落实教育观念，引领教育行动的重要落脚点。为什么说预测形势、坚定方向是落实思想观念、引领教育行动的重要落脚点呢?

给大家讲个故事。1973 年，在美国哈佛大学，18 岁的科莱特认识了与他同龄的一个美国小伙子，这个小伙子长着一张娃娃脸，满头金发。大学二年级那年，这位小伙子邀请科莱特一起退学去开发应用软件。

这是科莱特想都没想过的问题，因为他来这里是求学的，不是来闹着玩的。要开发更高端的应用软件，不学完大学全部知识是不可能做到的。他委婉地拒绝了那位小伙子的邀请。

十年后，科莱特成为美国哈佛大学计算机软件开发方面的博士，而那位退学的金发小伙子则在这一年登上了《福布斯》全球亿万富豪排行榜。1992 年，科莱特继续努力，进行博士后研究；而那位金发小伙子的个人财产在这一年则仅次于华尔街股市大亨沃伦·巴菲特，达到 65 亿美元，成为全球第二富豪。1995 年，当科莱特认为自己已经具备了足够的条件，可以研究和开发新的应用软件时，金发小伙子已经成了世界首富，一个代表着成功和财富的名字——比尔·盖茨也随之响遍世界的每一个角落。

2007 年，比尔·盖茨带领着团队继续微软的梦想、人类的梦想。比尔·盖茨作为领跑者正在用他深邃睿智的目光搜寻一条通往财富顶峰的康庄大道。

通过这个故事我们可以看到，选对方向很重要。比尔·盖茨之所以成为世界首富，是因为他选对了自己努力的方向，把握住了自己命运的舵，从而将自己生命的船摆渡到了成功的彼岸。但只拥有超前意识、敏锐的预测性是不够的，还需要你坚定方向，才能冲破黑暗，去赢得光明。创业如此，其他事情亦是如此。

引领箴言：只拥有超前意识、敏锐的预测性是不够的，还需要你坚定方向，才能冲破黑暗，去赢得光明。

谢文东认识到：要引领学校发展不仅要有想法、有行动，更重要的是要有团队，有一群愿意和你共同进退的人。光有想法，没有行动，到头来只是空想。相反，你一个想法，我一个行动，就能砌成智慧的大厦。所以说，规划再好，归根到底重在“落实”，否则再好的规划也是一纸空文。

如何落实教育观念？作为校长，需要面对和处理的事情千头万绪，但谢文东对此常常显得从容不迫，胸有成竹。他表示，在教育管理过程中的确会遇到很多问题，但不用也不必事无巨细都亲自去做。校长只需要给大家一个正确的方向，提出明确的要求，让大家发挥主观能动性就可以了。谢文东用的管理方法就是“目标引领法”。目标引领法是一种为达到既定目标所使用的引导、促进的方法。它能调动团队成员的所有资源和才智，并且会自动地消除所有不和谐和不公平的现象，同时会给予那些诚心、大公无私的奉献者回报，这会使团队成员越干越有劲。如果团队成员做事时出于自觉自愿，那必将会产生一股强大而持久的力量。要想成为深得人心的领导者，首先要了解并能够激励下属，然后制订共同的目标，把团队成员的心聚拢在一起，将团队的智慧铸造成具体可行的行动，这个方法我们大家都可以借鉴。

下面我给大家讲一个兔子与胡萝卜的故事。

南山坡住着一群兔子。在兔王的精心管理下，兔子们过得丰衣足食、其乐融融。可是最近一段时间，外出寻找食物的兔子带回来的食物越来越少。为什么呢？兔王发现，原来是一部分兔子在偷懒。

兔王发现，那些偷懒的兔子不仅自己怠工，对其他的兔子也造成了消极的影响。那些不偷懒的兔子认为，既然干多干少一个样，那还干个什么劲呢？也一个一个跟着偷起懒来。兔王决心要改变这种状况，宣布谁表现好谁就可以得到他特别奖励的胡萝卜。

一只小灰兔得到了兔王奖励的第一根胡萝卜，这件事在整个兔群中引发了轩然大波。

有几只老兔子前来找他谈话，数落小灰兔的种种不是，质问兔王凭什么奖励小灰兔。兔王说：“我认为小灰兔的工作表现不错。如果你们也能积极表现，自然也会得到奖励。”

于是，兔子们发现了获取奖励的秘诀。几乎所有的兔子都认为，只要善于在兔王面前表现自己，就能得到兔王奖励的胡萝卜。那些老实的兔子因为不善于表现，总是吃闷亏。日久天长，在兔群中竟然盛行起一种“变脸式”（当面一套背后一套）的工作作风。许多兔子都在想方设法地讨兔王的欢心，甚至不惜为此弄虚作假。兔子们勤劳朴实的优良传统遭到了极大的冲击。

为了避免兔子们弄虚作假的情况再次发生，兔王在老兔子们的帮助下，制订了一套有据可依的奖励办法。这个办法规定兔子们采集回来的食物必须经过验收，然后可以按照完成的数量得到不同的奖励。

一时之间，兔子们的工作效率为之一变，食物的库存量大大提高了。

引领箴言：要想成为深得人心的领导者，首先要了解并能够激励下属，然后制订共同的目标，把团队成员的心聚拢在一起，将团队的智慧铸造成具体可行的行动。

在教育管理中，好的决策虽是“领头羊”提出的，却是集体智慧的汇聚，可是光想不做等于白想，光说不做等于白说。有计划，就要有行动。每个人对某项事物都会有自己的想法，将每一个人的想法凝聚起来便成为大家的想法、智慧的结晶。如果我们通过合作，将思想转化为行动，效率就会翻倍，因为合作可以产生一加一大于二的效果。分工合作正成为一种被广泛认可的工作方法，被更多的管理者所提倡。如果我们能把困难的事情变得简单，把简单的事情变得更容易，那么效率就会倍增。世界正逐步向简单化、专业化、标准化方向发展，于是合作的方式就理所当然地成了团队管理的重要法宝。一个由相互联系、相互制约的若干部分组成的整体，经过优化设计后，其功能能够大于部分之和，产生一加一大于二的效果。

谢文东的引领，实质是思想的引领，有了这种引领，学校的发展方向就更加清晰明了了。那么，他在思想引领方面，具体是怎么做的呢！

策略一　文化：形成特色

说到校园文化特色，我们要提到影响谢文东校园文化建设工作的人。谢文东是文科出身，特别热爱传统文化，再加上多位对校园文化建设颇有建树的人的帮助，学校被打造得充满了浓厚的文化韵味。我们说一下影响谢文东实施校园文化建设的两个人。

第一个人是老校友关某。关某是一位很有恋校情结的校友，懂得感恩，对母校有很深的感情，并且在行动上给予了回报，曾捐赠一百多万元来建设母校，使母校获得了较好的发展。对于这样的校友，谢文东心存感激。

关某还多次回到母校参观，他认为这些捐赠不足挂齿，重要的是如何办好学校。此外，他特别提到应该多注重校园文化建设，校园文化具有净化心灵、陶冶情感的作用，只有把文化渗透到师生们的生活、学习中，教育才具有真正的生命力，学校未来才会发展得更好。

谢文东认为校友的话很有道理，不久后就开始着手实施。首先，从环境建设方面入手。古语云："居芝兰之室，久而不闻其香。"环境对人起着潜移默化的熏陶作用。大家耳熟能详的故事——"孟母三迁"也提醒我们需要关注生活环境和周边文化。谢文东认为环境对个人的成长非常重要，决定创设一个儒雅环境，让师生将"儒雅"逐步内化为自觉的人文素养。其次，传承优秀文化，挖掘本校或本地特色文化，将两者结合后注入校园文化建设中。他之所以这么做是有原因的：第一，大多数师生对传统文化比较熟悉，容易产生共鸣；第二，取材便捷，效果显著。

班级文化建设也是这样。谢文东让师生沿着学校发展的大方向，共同参与班级文化建设，这样一来，建设班级文化的同时无疑也对校园文化建设出了一分力。一些学校的校园文化建设往往是一个人的"拍脑袋事业"，只有少数师生参与，冷冷清清。谢文东让师生以主人翁的姿态全员参与，这不仅可以大加传承优秀的传统文化，还可以提高师生的文化修养。

谢文东所在学校的前任校长，偏重智育，着眼应试，升学率高得惊人，一时追捧者甚众。但是谢文东不以为然，他认为教育要放眼于未来，要用发展的眼光培养学生，懂得用文化育人。正如著名思想家爱默生所说，“有如语言之于批评家，望远镜之于天文学家，文化就是指一切给精神以力量的东西”，这种观念指引下的学校发展才是明智的。

数年之后，谢文东走上校长岗位，开始有机会实践他的教育理念。谢文东提出“国学为本，儒雅成才”的校园文化建设方针，不论是创办《八匙之光》校刊，还是建设六艺廊、文化墙、翰墨苑，都将“勤、和、思、端”文化思想贯串其中。谢文东知道学校建设不可抛弃优秀的传统文化，需立文化以复兴根基。但是有别于低层次、低水平的建设观念，他认为必须在建设中体现创意，凝聚智慧。谢文东对于校园文化的建设，看似追溯过去，实则立足现在，面对未来，是在对传统文化“选择”后“重构”学校未来。

在考核学校教师工作情况时，有些人认为一些教师干得不错，能力强，要提拔重用，结果就调他当校长。殊不知，能干好一般工作的人，不一定能干好校长工作。因为教学和管理完全是两码事。实际上，教育管理是有规律的，校长要管好校、办好学，必须要有专业能力和专业水平。因此，校长必须首先深谙教育之道，其次要懂得管理，而不能把自己当一般行政人员看待。毕竟学校是教书育人的地方，教育管理有其自身的特点和规律。校长如果按照行政化方式管理学校，是不可能把一所学校真正管理好的。校长必须是教育内行，而不是外行，外行很难胜任校长这一职务。然而，谢文东能如此专业化地管理学校，得益于他的老师的教导。

我们都知道，教育是以人育人的事业，教师的职业道德有着强烈的典范性，高尚的职业道德和良好的表率行为是每个教师必备的素质，也是时代的要求，更是教师帮助学生不断进取、赢得成功的力量所在。那么，谢文东的老师是个怎样的人呢？他对谢文东的专业培养又会带来哪些帮助呢？

策略二　专业：难以替代

这里我们要讲的谢文东的老师，是对谢文东专业发展影响最大的王老师。这位王老师可是位厉害角色，博学多闻。

大家知道，谢文东不论是管理团队还是谋划决策都有一套自己的思路，显得十分专业。在前面我们提到，谢文东的高效办事能力得到了领导的表扬，这得益于谢文东能遵循教育规律、懂得怎样从专业的角度去处理事情。

有一天，谢文东参加市名校长管理团队方面的培训。这次的主讲是班主任王老师，他的课让谢文东大受启发。王老师在调研过程中多次听到类似“教师队伍带起来很累”的不满和抱怨，于是乎，这次培训就以自身带领研究团队的经历，讲授怎样管理团队。虽然是一个简短的培训，却让各位校长听得津津有味。该如何去管理一个事务繁杂的团队？王老师的方法就是简单化，即明确每个成员的任务，让各成员定期汇报进度，组长协调左右、沟通上下。说白了，王老师管理团队时，只用管一个人，就是组长。王老师指出管理团队要注意以下三点。

第一，管理要举重若轻，管理者要善于把纷繁复杂的事务简明化，提纲挈领，迅速地判明形势，把控大局。

第二，抓骨干力量，让成员跟着骨干走，骨干跟着自己走。

第三，放手，让成员有更多的时间和更大的空间。这么一来，就容易激发大家参与的积极性、主动性和创造性。

现在，王老师的团队取得了不俗的成绩，多次获得省级奖励，颇让人佩服。

经过王老师此次的提点，谢文东为最近一个苦思冥想的难题找到了破解的方法。什么难题？随着升学、评估、比赛等活动的增多，学校间的竞争也日趋白热化，教师接受的任务也在不断增多，教师专业化发展似乎失去了支撑的环境，教师们感觉压力越来越大。谢文东知道，这无疑破坏了学校作为专业教育机构的基础，同时也强化了学校官僚机构化的特征。

新课程需要教师获得专业化成长，而教师的专业化成长目标必须植根于学校、立足于校本，才有可能实现。谢文东认为，在短时间内有效提升教师的专业化水平，仅仅凭学校要求和制度保障是远远不够的，还要通过各种举措，打造良好的教师发展环境，把教师专业化发展，变为教师的愿望。

校长如能把专业学问做细、做精，教师也能紧跟着校长的脚步，将专业修炼看成自己发展的内需，变被动为主动。这和领导在大伙跟前捡垃圾与清洁工在大伙跟前捡垃圾的性质完全不一样是同一道理。领导的行动是辐射，清洁工的行动是本职。正所谓“一把手一动手，口号标语无须有”。校长自身专业发展的意识和行为对教师的专业发展直接起着感召、导向和示范的作用。因此，谢文东决定从三个方面提高自己。

第一，成为教师专业化发展的先行者。他关注教师的教学管理工作，注重教师的专业化成长，着力筹办名师工作室，并且身先士卒，坚持兼课，常常为各年级精心准备“儒雅”课堂。他还经常深入课堂听课，与教师一起评课，研究课堂教学，不仅给教师们做出了榜样，还无形中给了教师专业化成长的动力。

第二，成为教师专业化成长的引路人。一方面要了解教师的实际需求，经常观察教师们的课堂，关心他们的想法，这样一来，就有效地唤醒了教师内在的学习意愿。另一方面还要利用自身的影响力为教师专业化发展创造学习、交流、展示的平台，吸引更多的教研活动和教学业务方面的比赛在自己学校举行，为教师提供“走出去”和“请进来”的学习锻炼的机会。

第三，成为教师积极主动发展的好榜样。作为一所学校的重要管理者，他积极以自身的人格魅力影响同事，以追求自身专业发展的行为做示范；以优良的专业素养与品德素养感召大家；发挥“以促进人的发展为核心的人本管理”的导向作用，为教师的专业化发展树立榜样。

他认为内外因结合，才能促进教师的专业化发展。

从管理的角度来说，一个机构的秩序与运作不依赖行政权力等外在的控制，而更多依赖其特有的规范、目的、价值观、同事共享权力及互相依赖关系。

因此，要想让学校成为优秀的专业机构，谢文东认为关键要在学校营造信任与关怀的氛围，强化专业规范，放手让教师干事，真正发挥教师主人翁的作用，调动教师献计献策的积极性。也许学校没有一流的教师，但可以也必须形成一流的团队。校长不必事必躬亲，但要掌握全局，把握方向，与教师荣辱与共，改变教师单兵作战的职业意识和习惯，在全校营造一种合作互助的氛围。像王老师管理团队一样，让团队成员在轻松、信任的环境下愉悦地工作，也只有如此，团队成员才能够与他人轻松地就工作中的一些棘手问题进行讨论。当他们面对专业难题时，可以敞开心扉、坦然面对。在一个充满信任的环境中，他们才能够共同研究和解决难题，为学校谋发展。

在工作中成长，在实践中进步，是教师专业化发展的主要途径。在此过程中，管理者的引领，是教师专业发展的云梯。然而，面对飞速发展的时代，教师不能墨守成规、故步自封。现代教育的急剧变革向教师提出挑战，要求教师承担多重角色，要求教师具有多方面、综合性的能力，因此，教师应树立“终身学习”“永远探索”的理念，在教育实践中潜心学习理论，用心运用理论，掌握现代科学知识，发扬探索和创新的精神，为教育事业的不断攀登而奋斗终生。校长作为教师团队的引领者，在引领过程中要讲究方向、讲究方法、讲究策略。那么，在培养教师教研工作方面，谢文东又是怎样做的呢？我们从中又能得到怎样的启发呢？

策略三　教研：卓尔不群

有人说“高人往往带出差徒弟”，但教育有种很神奇的魔力，叫作

"期望效应"，只要师父懂得给予徒弟适当的期望，传递出对徒弟的鼓励、关爱、要求以及信任，徒弟就可能往师父所期待的方向发展。一位老师刚毕业，接手一个班级，做了班主任。他遇到一位很调皮且资质平平的孩子，后来发生了一件事，这孩子各方面的表现都突飞猛进，为什么会出现这么神奇的改变呢？

这孩子来自贫穷的家庭，父母都是没念完高中的农民，他们并不指望孩子能受多高的教育，在他们看来孩子上不上学都无所谓。父母这样的观念使孩子在学校的表现非常不好，经常打架、欺负同学，令所有教师都很头痛。

一天，这孩子因故意绊倒女同学而被教导处主任叫到办公室，交给他的班主任。出乎意料的是，他的班主任并没有批评他，而是把他领回教室，给他出了一道非常简单的数学题。当这顽皮的孩子给出正确的答案后，老师又出了几道简单的数学题让他计算，他都答对了。老师欣喜地拍拍这个淘气鬼的肩膀说："你做对了这么多道数学题，证明我的观察是很准的。我早就认为你很聪明并有出众的数学天赋，你以后一定能成为一名优秀的数学教师。"老师还写了一封信给他的父母，只字未提这孩子在校的不良表现，只说了自己对孩子的期望。从未被人赞赏过的孩子被老师的表扬所感动，从此，竟像换了个人似的，总是表现出一副绅士相，再也没有在学校里调皮捣蛋，学习成绩也奇迹般地赶了上来，上课举手的频率越来越高，发言越来越积极，平时作业做完了会主动地拿来让老师检查，有不会做的也会及时来问老师。整个人的状态积极向上，成绩也不断提高。他的改变着实让所有教师都吓了一跳。

我们不妨来假设一下：倘若这孩子没有遇到这样的教师，也许他永远都不会知道自己有学习数学的天赋，不知道原来自己也可以成为一个好孩子。倘若这教师没有给孩子鼓励，点燃孩子的信心，也许他将永远顽劣下去。正是由于教师对他的期待，让他意识到他人对他的信任。而这样的期待能够触动孩子的心灵，对孩子产生巨大的感召力和推动力，引起孩子的积极的反应，从而也使他的学习行为发生了巨大变化。

所以，高人要想培养出出色的徒弟，最重要的是什么？是观察徒弟的潜能，引导徒弟往好的方向发展，而且建立平台让他展示。调好他积极做事的弦，让他主动向上，从而使他将潜能发挥到极致。

谢文东在这一点上做得非常好，为了提高教师的教研能力，谢文东对教师进行有针对性的鼓励后，创建平台，放手让下属尝试自己去做。不然的话，鼓励后没有连续性的行动，鼓励也是白费。你得让他尝试自己是不是真的有这方面的才能，要帮助他认识自己的潜能和建立起信心。所以想要下属在哪方面有成绩就得给他平台，放手让他干。

在谢文东的努力下，学校培养出了一支优秀的教研团队，其中，有许多教师的教研成绩特别出色。谢文东注重选拔业务能力强、课改意识强、深受学生欢迎、能吃苦耐劳的优秀教师担任教研组组长；选好后充分授权，充分发挥他们在团队中组织和协调的作用，让其带领其他教师积极开展课题研究工作，带动团队中其他成员的成长。其间，谢文东会定期召开教研组会议，会议分为两类：一是对教研组组长进行业务培训，促使他们在研究中教学、在教学中研究，以达到以研促教的目的，有效解决教学实际问题。二是依托教研组，搭建教师相互切磋、相互学习的平台，让教师在教研活动中踊跃发言、互相启发、互相帮助、共同提高。现在，大家已经习惯于搞教研，越做越有干劲，并以教研为乐，以教研促进自身的专业化发展，很好地提高了教育质量，促进了学校的可持续发展。

此外，谢文东坚持实施“走出去，请进来”的教研政策，以拓展教师的视野。走出去，一是努力创造条件，鼓励教师到先进学校学习，学习别人的先进教学经验，并要求学习者回来后在一定层面上做报告，实现资源共享；二是创造机会让教师到外校开讲座，让教师在反思中提高。教师从总结经验，到理论提升，到讲座汇报，形成了一个良性循环。这样一来，能使教师的教学经验得到积累，并将经验通过提炼升华为理论，内化为自己的教学行为。

请进来，就是请相关专家做培训，让教师接受高层次的培训，聆听专家的报告，使教师提升理论水平和专业水平；或者邀请兄弟学校的同行前来听课、指导，有效地开拓教师的视野，增长教师的见识，促进教师在教学中反思，在反思中提高。

我们从这件事中可以看到，谢文东懂得寻找带头人，并把教研工作交给他们，同时给予他们鼓励与信任，放手让他们去做。而且一旦出现问题，谢文东会主动承担，从不责备他们。正如俗话所说："不怕有个烂摊子，就怕有个乱班子。"要知道，团结协作的领导班子和同心合作的教师队伍是学校不断前进的动力，作为校长必须具备团队合作的意识，更有责任和义务向教师队伍传递团结合作的思想，把先进的教育理念传递给每个教师，使之扎根于每一个团队成员的心中。这就是谢文东独特的管理方式，他在教研方面管理得如此出色，也有赖于此。我们可以简称此法为"授权托事"，就是把事情放心交给下属，鼓励下属不断试错，创造奇迹。

管理层只有根据教育形势和时代要求把教研方向定下来，放手让教师去做，在这样既有自由又有约束，有所为又有所不为的氛围下，教师才会有胆量去尝试。一有错误，大家共同找出原因，并加以改正，重新再来，这样做往往能促使教师创造奇迹，取得实效。

这个经验叫"留个方向、给个鼓励、捎个信任"。按此经验行事下属就愿意跟随你，而且是越干越起劲、越干越出色。没有为什么，这就是校长引领力的魅力。只有极具亲和力，真心想培养下属的领导，才能做得到。不过，留个方向、给个鼓励、捎个信任给下属时，我们需要注意以下几点。

第一，方向必须具体而且具有渐进性。从行为主义心理学来看，领导提出的发展方向越具体明确，下属就越容易理解越容易把握，也越容易做到，其潜能也越容易被观察到，被激发出来，贡献也就越多。

领导讲话总有其目标性和方向性，一段话是否达到了它的预期目标，要看它是否被听众所理解、所接受。听众理解了、接受了，才能明确自己的行动方向。反之，听众一头雾水，似懂非懂，是不可能配合领导者采取行动的。领导讲话的这一特性决定了领导讲话必须事先站在听众的角度上，根据听众的理解能力和接受能力联系实际、深入浅出地讲。陈毅同志在 1961 年发表的《在戏曲编导工作座谈会上的讲话》中对局限性问题的解释就是非常典型的一例。在讲话中，为了说明局限性，他列举了曹操、陶渊明、武则天、曾国藩等人的事例。通过对这些具体历史人物的精当中肯的分析和评价，既做到了联系实际，又做到了深入浅出，使“局限性”这一本来深奥抽象的命题变得浅显易懂，听众始终听得津津有味，丝毫不觉得枯燥难懂。

要想使讲话内容充实具体，领导必须在讲话前做深入细致的调查研究，这是由领导的特殊身份和作用所决定的。讲话者在开口前如果不了解听众的心理，就不可能做到讲话内容充实具体。现实中不难看到一些领导由于事先没有做好深入的调查研究，当在公众场合被邀请讲话时，会出现支支吾吾、左顾右盼、四处求援的窘态。这样的讲话不仅不能起到引导和感召群众采取行动的目的，反而使自身形象和威信在群众中大打折扣。战国时的张仪为推行“连横”立下了汗马功劳，被誉为有“三寸不烂之舌”。他的讲说之所以能所向披靡，一个重要因素是他言之有物，讲话内容充实具体。

第二，鼓励要有针对性，要适合个体发展，即提出的要求下属要能达到，提出要求的方式和施加的期待行为学生能接受。根据著名的心理学家维果茨基的“最近发展区”理论，我们也应该以个体现有的发展水平为客观基础，不能超出其发展的可能性，高不可攀的期望最终只能换来失望。同时，我们的期望也不能停留在个体的现有水平上，而是要高于个体的现有水平，这才是个体发展的理想境界。

第三，领导层对团队要有耐心和信心。高山是靠小石子堆砌起来的，大成功都是靠小失败积累起来的，培养下属时需要耐心，也需要时间。或许效果的取得具有一定的滞后性，等待将是一个漫长的过程，但领导必须给予团队足够的信任，放手让他们尝试，一起经历时间的考验，等待黑暗过后黎明的到来。因此，领导层要时常提醒大家坚定方向，充满信心地积极投入教研工作中。而这种信心不仅是教师坚持力的源泉，还是校长对学校发展充满信心的强大支撑力量。

第四，也是最重要的一点就是实现外部强化与自我强化的目标。根据管理心理学的强化原理，管理者应该给员工及时而连续的外部强化，如制订明确的奖惩制度，员工达到一定的教研水平，就能获得相应的奖励。慢慢地，其行为会发生变化，领导给予的奖励所带来的外部强化慢慢地能够形成下属自我强化的心理机制，这种机制包含自我期待与相应的行为模式、自我约束和自我奖惩模式。谢文东让教研成为教师自觉化的行为，使教师能自动化地把实践跟教研相结合，在研究中促进教学。所以，培养下属，最关键的就是有针对性地鼓励和大胆地放手让下属去干。

谢文东胸怀大志，他希望自己的教师队伍能成为一个出色的团队。因此，在很早的时候，他就开始规划应该怎样去培养教师的教研能力；在物色教研领头人时，他十分看重其是否具有独特的人格魅力、较高的业务水平，以及组织号召能力和指导能力等。然后通过教研领头人带动全校教师发展，着力打造一支水平过硬的教研团队，促进全校教师专业化水平的提升。

其实我们想一想，以谢文东当时的教研水平，完全可以直接进行课题研究，但是他并没有那样做。他知道，要舍得放权，多为教师创造机会。如果大包大揽，教研成绩即使再好也只是阶段性的，教师如何发展？学校如何发展？很多校长在教研上确实很有水平，但是喜欢牵着教师的鼻子走，这是不行的。正如韩非子所说：“下君尽己之能，中君尽人之力，上君尽人之智。”敢于放权并懂得放权，既是一个管理者成熟的表现，又是一个管理者取得成就的基石和关键。

引领箴言：敢于放权并懂得放权，既是一个管理者成熟的表现，又是一个管理者取得成就的基石和关键。

谢文东在这一点上很了不起，放权教研工作，不是不闻不问，等着教师把成果捧上来，而是经常关注团队的研究进展，适时给予“这儿不错”“那样可能会比较好”之类的鼓励与建议；而且，谢文东会定期召开教研研讨会，听取教师的汇报，并提供力所能及的帮助。

谢文东作为一校之长，不是给教师安排现成的课题，而是营造民主的教研氛围，加强教研中的专业引领，让教师亲身感受生命的成长与跨越。谢文东不但用心良苦地引领教研、参与教研、发展教研，而且和大家一起品味教研，充分调动教师的积极性，发挥教师的团队功能，致力于教师的专业化发展，让教师醉心于教学研究，从而培育了一大批优秀教师。

引领箴言：营造民主的教研氛围，加强教研中的专业引领，让教师亲身感受生命的成长与跨越。

教育管理既是一门学问，又是一门艺术，只有懂得管理，善于管理，才能充分发挥教职工的积极性，才能提高教学质量，因此，教育管理一定要做到“用心”和“精心”。谢文东身上有许多值得我们学习的地方，其中之一就是在做事上下真功夫，把学校发展当作自己的事，真心投入，注重当前，关注未来。

一个没有梦想的校长，是不可能把学校带到多远的境地的。要想学校发展得好，就应该当一位为学校未来着想的校长，一方面，立足现在，不好高骛远，踏踏实实干好眼前的工作且取得成效，为教师、家长和学生所认同和感佩；另一方面，不安于现状，不得过且过，不“做一天和尚撞一天钟”，而要放眼将来、怀揣梦想、奋勇当先。因此，学校需要有梦想、有思想高度、有眼光的校长来引领发展。

第八章

引领潮流的“三大要诀”

有一句话是这样说的，引领潮流，而非随波逐流。学校之所以获得发展，一个重要原因在于领导者在关键时刻做出了正确的引领。那么，引领有规律可寻吗？当我们面对时代潮流时，该如何去找准自己的方向？在这方面，谢文东就是一位能手。谢文东具有高超的引领力，他的每一次引领都是那样的振奋人心，都是那样的成绩斐然。那么，在学校发展方向的引领上，谢文东究竟有哪些过人之处，我们从中又能获得怎样的启发呢？

俗语说，“引领潮流，而非随波逐流”。实际上，很多名校长之所以在教育管理方面获得成功，是因为他们在教育发展的大潮中，把握住了形式，懂得引领之道。校长的引领力是学校发展的关键，但同时，它也是管理难题的来源。

在市场化的今天，很多企业都想发展，那么怎样做才能把企业做强做大呢？

AB香水有限公司想打造一个知名品牌，它想到的是运作要规范化，操作要精细化，服务要人情化，以此把市场做大。它最新推出一种异性相吸自制香水，即可以在调香吧进行DIY设计的香水。公司想凭借科学的质量管理体系、良好的香水品质，获得业界的认可，于是进行了“自己做调香师”的声势浩大的广告宣传，一下子就拥有了“抢占先机”的优势。

异性相吸自制香水以自由个性的创意来表达现代人的个性魅力，每一瓶香水都有一个故事，每一瓶香水的故事里都有自己的气味和身影，这就是它的魅力所在。异性相吸自制香水采用了独创的香剂，香剂经过独特的工艺处理，将人对香水的个性需求及人引发联想、欢乐、兴奋、爱恋、祝福、困惑等情感的东西融入香水调配中，将香水的定义升华到更高境界，体现出更感性的语言表达和更丰富的嗅觉体验。

AB香水有限公司对完成这样的挑战满怀信心，异性相吸自制香水一经推出，就成为香水DIY行业的先行者，引领了时尚的潮流，满足了消费者不撞香的需求。我们由此可以得出一个结论：在发展的大潮中，你要懂得怎样去把握时代脉搏，懂得怎样去做一些和别人不一样的事情，懂得如何满足时代的需要。而很多管理处于被动局面，陷入困境，大都是因为不懂得引领方向而造成的。那么，面对汹涌澎湃的时代潮流，大家怎样进行正确的方向引领呢？今天，我们可以学一学谢文东是如何做的。

谢文东刚担任校长不久就意识到一个很严重的问题：大家只关注课内教学，并不重视课外实践。其实课外实践很重要，可以培养学生的交往能力，增强学生的自信心和自尊心。学校作为培养学生的重要地方，对此有不可推卸的责任。我们作为教育工作者，应为学生的发展义不容辞。

于是，谢文东苦思冥想，希望找出一个激发学生活力的办法。

他想搞活动，但是举行一次，作用不大，意义不多；举行多次，就涉及人、财、物多个方面，并不简单。他召开领导班子会议，一番讨论后，大家认为举办连续性活动较好，每年一个主题，教学的时间有保证，活动的时间也不落下。内容呢？谢文东绞尽脑汁，想到了一个既特别又有创意的内容，就是举办系列文化活动：古诗节、诵读经典节、阅读节，等等。

好了，现在点子有了，活动的时间怎么安排呢？调整教学时间，大家愿意吗？家长非常重视学生的分数，要是分数下滑，家长会同意吗？应不应该举行这个活动？

大家可以看到，作为一校之长，要顾虑的方面是很多的。校长的决定不是影响某一个人发展的问题，而是关乎学校发展的问题。决定需要勇气，执行更需要勇气，而结果只有两个，成功或失败。谢文东是怎么做的呢？当一件艰巨的任务摆在面前时，我们是不是都有勇气接受挑战，拍着胸脯把它扛起来呢？那一刻，的确需要破釜沉舟的勇气。我们未必都要做英雄，但这种勇气，往往是成功的必需。

给大家举个例子。一个中国人刚到澳大利亚的时候，为了寻找一份能够糊口的工作，骑着一辆旧自行车沿着环澳公路走了数日，替人放羊、割草、收庄稼、洗碗……只要给一口饭吃，他就会暂且停下疲惫的脚步。

一天，在唐人街一家餐馆打工的他，看见报纸上刊出了澳洲电讯公司的招聘启事。他担心自己英语不地道，专业不对口，就选择了线路监控员的职位去应聘。过五关斩六将，眼看他就要得到那年薪三万五的职位了，不想招聘主管出人意料地问他："你有车吗？你会开车吗？我们这份工作时常外出，没有车寸步难行。"

澳大利亚公民普遍拥有私家车，无车者寥寥无几，可他初来乍到还属无车族，为了争取这个极具诱惑力的工作，他不假思索地回答："有！会！"

"4天后，开着你的车来上班。"主管说。

4天之内要买车、学车谈何容易，但为了生存，这位留学生豁出去了。

他在华人朋友那里借了500澳元，从旧车市场买了一辆外表丑陋的“甲壳虫”。第一天他跟朋友学简单的驾驶技术，第二天在朋友屋后的那块大草坪上练习，第三天歪歪斜斜地开着车上了公路，第四天他居然驾车去公司报了到。时至今日，他已是“澳洲电讯”的业务主管了。

他的专业水平如何我无从知道，但我确实佩服他的勇气。如果他当初畏首畏尾地不敢向自己挑战，就绝不会有今天的辉煌。那一刻，他毅然决然地斩断了自己的退路，让自己置身于命运的悬崖绝壁之上。正是面临这种后无退路的境地，人才会集中精力奋勇向前，在生活中争得属于自己的位置。

不仅人面临自己的人生选择时是这样，许多事情也是这样，关键是你有没有逆流而上的勇气和承担失败的能力。面对学校发展的契机，谢文东是否能牢牢抓住？谢文东有把文化活动构想付诸行动的勇气吗？

我们回过头来再分析一下，谢文东为什么有举办文化活动的想法。

第一，紧跟教育时代潮流，顺应新课程改革所倡导的教育理念：为了中华民族的复兴，为了每位学生的发展。

第二，玩是孩子的天性。要把有意思的活动与阅读文化经典结合起来，提高孩子的文化素养和阅读兴趣。

那么，谢文东把整个活动的方案设计好了吗？设计好了！谢文东决定把活动办起来。接下来他带领大家反复修改活动方案，还多次邀请家长一同参与修改。首届活动不仅让学生领略到中华民族优秀文化的博大精深，而且让家长了解了学校的发展情况，知道了自己的孩子感兴趣的是什么，有什么特长，以及应该给孩子提供怎样的帮助与指导，认可了“玩中学”“玩中获得发展”的教育理念，而不再是一味要求孩子机械识记知识。这么一来，既能增进亲子关系，又能提高家长对教育的认识。同时，也让上级领导知道学校最近又为学生做了什么，有什么地方值得兄弟学校学习，有什么经验值得推广。

谢文东怎么也没想到，活动能举办得如此成功。一开始许多家长持反对的态度，但是看着孩子们这么深入地学习传统文化，也没有增加学习负担，就慢慢地认同和支持谢文东的做法了。这次活动，使谢文东认识到一个基本管理原则。什么原则呢？就是人性化原则，又称尊重人性原则。

如今的学校管理者，单靠命令已不能管理好学校，要实行“以人为本”的管理模式，以人为中心，把尊重人、爱人、关心人作为教育管理的基本出发点，对师生尊重、关怀、理解、信任，只有这样才能充分挖掘师生身上蕴藏的巨大潜能，才能为学校创造更美好的未来，才能使学校在竞争中立于不败之地。

我们来看一个有关人性化管理的例子。大多数企业，都有不成文的规矩，即禁止内部员工间谈恋爱。其实，这种做法是不合法，也不可取的。“棒打鸳鸯”只能导致军心涣散，让员工对组织感到寒心。

日本日立公司有一名叫田中的工程师，他为日立公司工作近 12 年了，对他来说，公司就是他的家，因为连他的爱人都是公司帮他介绍的。原来，日立公司内设了一个专门为职员架设“鹊桥”的“婚姻介绍所”。日立公司人力资源站的管理人员说：这样做能起到稳定员工、增强企业凝聚力的作用。

“鹊桥”总部设在东京日立保险公司大厦八楼，田中刚进公司时，便在同事的鼓动下，把学历、爱好、家庭背景、身高、体重等资料输入了“鹊桥”电脑网络。在日立公司，当某名员工递上求偶申请书后，他（她）便有权调阅电脑档案，申请者往往利用休息日坐在沙发上慢慢地、仔细地翻阅这些档案，直到找到满意的对象为止。一旦他（她）选中了谁，联系人就将挑选方的一些资料寄给被选方，被选方如果同意见面，公司就安排双方约会，约会后双方都必须向联系人报告对对方的看法。

终于有一天，在日立公司当接线员的富泽惠子走进了田中的生活，他俩的第一次约会地点，是离办公室不远的一家餐厅。他们共进午餐，这一顿饭吃了大约 4 个小时，不到一年，他们便结婚了。婚礼是由公司“月下老人”操办的，而 70%的来宾都是田中夫妇的同事。

有了温暖的家庭，员工自然就能一心一意扑在工作上。由于这个家是公司“玉成”的，员工对公司就不仅是感恩了，而是油然而生的一种“鱼水之情”。这样的管理成效是一般意义的奖金、晋升所无法比及的。人性化的管理，很多时候能够收到意想不到的管理效果。

因此，想学生之所想，做学生之想做，真正把学生当作一个社会人来看待和管理，要从尊重开始，帮助学生成为一个追求自我发展和自我实现的人。古语云：得人心者得天下。师生慢慢体会到了谢文东为他们付出的心血。在教育管理中，校长给予师生多一些人文关怀，无疑能为自己争取多一分支持，多一分肯定。

我们可以看到，谢文东在考虑要不要举办文化活动的时候，运用了一个重要方法，这个方法叫作“民主式人性化管理法”。在判断要不要做一件事的时候，谢文东没有一个人苦想，而是把问题交给大家，和大家一起商量、讨论。在会议上，谢文东介绍了文化活动方案，然后请大家对此发表意见。在筹备活动过程中，如果遇到问题，他就鼓励大家一起解决，即使出现偏差也不责备大家。因此，在这种民主氛围中，大家的决策水平逐步提高，而且都为自己的决策负责。

真正为别人着想，在乎他人感受，是能够收到回报的。谢文东就是用这样的做法来赢得师生的支持的，这也是他的高明之处。不光头脑中有大局观念，心里面还有师生的位置。

引领箴言：真正为别人着想，在乎他人感受，是能够收到回报的。

虽然活动举办得很成功，但是谢文东也不忘对活动进行反思。他在笔记本中记下本次活动举办成功的地方，下次举办活动需要改进的方面。

为了学生的发展，谢文东苦思冥想出一个又一个富有创意的活动，但进行决策时，他并没有因为这是自己苦心想出来的而独断专行，他考虑的是师生是否真的对此感兴趣。而一旦决定，谢文东就鼓起勇气，把活动举办得漂漂亮亮。

一个活动从萌芽到发展到蓬勃，大家看起来很容易，其实困难重重。

谢文东在实施过程中，能把握住契机，巧用办事法则，引领大家勇敢向前，最后一举成功。

要诀一　把握“三个维度”

在教育管理中，为了避免与团队成员产生隔阂，谢文东采用了两个比较特别的方法：一是项目负责制，即把任务项目化，由部门负责人全面负责，独当一面，按目标按质量完成任务；二是人尽其才，根据团队成员的专业、性格、特长等，推荐他们在合适的岗位任职，让他们协助上层领导开展具体工作，例如，对教学很有研究的中层干部，就让他们管理教学等具体事务；对德育很在行的中层干部，就让他们在思想教育方面发挥特长。

为了落实培养儒雅学子、儒雅教师和儒雅家长的发展目标，谢文东又到中层去问计。在教师管理方面，以往采取的是按指模的考勤制度，大家每天都“心惊胆战”。于是，中层干部就建议换一种管理方式，考勤不应该靠冷冰冰的机器记录。谢文东很重视这个建议，决定把按指模的考勤制度改成每天清晨自愿打太极拳的活动，这样一来，既考虑到教师的身体健康，又可以促进教师及时到岗，富于人情味，很人性化。对学生的培养，中层干部认为学校做得比较不错，但是与家长的联系还不够紧密。谢文东决定在课余时间尽量多安排一些家校活动，并且让德育部门全权负责。学校经常开展亲子快乐活动、家长讲座进教室等一系列活动，非常受欢迎。每一次举办这类活动，中层干部就和班主任一起选出家长代表来为孩子上课。家长上课不像教师那样从书本出发讲述知识，而是结合自身经验进行讲授，所以很受孩子们欢迎。有一位家长是旅游局局长，便选择给孩子们讲解当地的旅游资源和旅游设施，这样一来，不仅拓展了孩子们的视野，而且增强了孩子们对家乡的热爱。还有一位家长是开花店的，她给孩子们上了一节插花课，而且教会孩子们一些花的寄语和选花送人的技巧，孩子们听得津津有味，不但加深了对花的认识，而且增强了对生活的热爱之情。还有一位家长是消防员，他教大家如何预防火灾和如何安全逃生，增强了孩子们的自我保护能力。

谢文东是怎样使学生越学越开心，教师越干越有劲的呢？他采取项目负责制，注重人尽其才。这样就为中层干部提供了舞台，让他们能尽情展现自己的能力。这样一来，无疑激励了中层干部尽力服务学生、服务家长、服务学校。

或许你会惊叹，谢文东是怎么想到的？有的事情看似复杂，其实很简单。

一支登山队要攀登一座雪峰，想把足迹留在峰顶上。食品、药品及登山器材都备齐了，有一位专家提醒说，别忘了多带几根钢针，因为在高寒的雪山上，燃气炉的喷嘴极易堵塞，需要用钢针疏通。负责这件事的老登山队员并没有听从专家的忠告，只带了一根钢针，因为凭自己的经验，他认为有一根钢针已经足够了。

遗憾的是，这支登山队最终没能登上峰顶，而且队员一个也没能回来。问题就出在钢针上，那根钢针在使用时，不慎弄断了。由于只带了一根钢针，燃气炉无法使用，队员们断了饮食，最后全部陷入了绝境。

在许多事情上，我们失败的原因常常有两种：一种是因为经验不足，另一种则是因为经验过多。谢文东的聪明之处在于既注重自己的经验，又重视他人的建议。

在我们的教育中，也存在着这样的情况。有一些教师认为自己教学多年，经验丰富，不用认真备课也可以把课上得游刃自如。经验丰富，对老教师来说是一个优势，是许多新教师所不可比的，但是如果太过于相信自己的经验，不关注新知识，则会使事情向另一个方向逆转。年轻教师因为缺乏经验，所以肯不断钻研、探索，因而有了许多收获，而这些收获是那自认为很有经验的教师所没有的。长此以往，原本缺乏经验的新教师会进步迅速，而所谓的有经验者则停滞不前，往往教学效果不如人意。

只有拥有经验而又懂得如何运用经验的人才是真正的智者。

谢文东是在不断总结自己的经验的基础上采纳别人的建议，才把事情做得一次比一次好的。这次，谢文东总结出办事需要把握“三个维度”：第一，把握组织主体；第二，把握发展方向；第三，把握服务对象。

什么意思呢？我们先来分析第一个。我们都知道管理阶层是按照金字塔划分的，上一级管理下一级，依此类推，直至基层。可是，谢文东通过多次实践认识到，脱离了管理中层，自己的很多想法和方向都很难把握。所以，他十分注重与中层干部的沟通，时常了解他们的动态。第二个，发展方向包括定目标和达要求。很简单，作为一校之长，必须宏观地把握局势，给大家明确发展方向，引领他们，让他们朝着期望的目标去努力。第三个，服务对象当然是学生、家长和教师，这就不用多解释了，学校无论做什么事情都应优先考虑这三者。

引领箴言：管理需要把握“三个维度”：第一，把握组织主体；第二，把握发展方向；第三，把握服务对象。

谢文东担任校长十多年，总结出了不少管理经验，他管理中还运用第二个要诀。是什么要诀呢？

要诀二　避免“五个误区”

每一次开学季，都是学校全体教师最忙碌的时候。这次的开学季谢文东接受了一项任务，就是学校要面向全市师生举行一场别开生面的开学典礼。谢文东知道临近开学，教师都忙着备课，不太愿意接受额外的任务，特别是像这种开学典礼，要编排节目，租借演出服装、道具，协调各方关系等，琐碎繁杂，时间紧迫。谢文东决定召开会议，讨论怎样安排好这项工作。

有人说，给压力，分任务，下命令，不就行了吗？不用管那么多，主管部门自然能处理好，不必过分担心。

但是不要忘记，当校长为自己拥有的权力而沾沾自喜的时候，组织僵化就已经开始了。因此，作为一校之长，不要让“民主管理”这四个字从你的字典里消失，不要让教师觉得他们是“打工仔”，而是要把他们的积极性调动起来，让他们心甘情愿地去做，这样，才能得到积极的效果。

那么，在忙碌的时候，我们应该怎么做呢？给大家一个建议，首先，把所有的事情开列在清单上，哪件事情既紧急又重要应先做，哪件事情不紧急且不太重要可后做；其次，列举出处理的方法和指出做事的误区，以避免出错。误区大致可分为五类：发号施令、管不留情、生气做事、斤斤计较、过度加班。谢文东就按这些步骤度过了忙碌的开学季，并取得了实效。

不知大家有没有遇到过类似这样的事——

早上起来，发现自己昨晚工作到深夜，趴在桌子上睡着了；一大早家里停电了，没办法用热水洗漱，用电吹风吹头发，不能热牛奶、烤面包，只好草草打理一下就出门。

刚走进电梯，邻居家养的小狗一下子冲进来往你身上扑，新买的白裤子上顿时出现两只黑黑的爪印儿。

开车被警察拦住，才想起来今天限行，被罚款后直呼倒霉。

急急忙忙赶到公司，看见下属睡眼惺松，样子懒散，就忍不住对大家吼了一声：“都给我打起精神认真工作！做不好，今天谁也别想早走。”

冲进会议室开例会，听着下属的汇报，觉得一塌糊涂，毫不留情地当着大伙儿的面批评其做得不好，还很冲动地宣布工作调整的名单，马上辞去几位员工的职务。午餐时间，所有人都闹着要和辞职的几位员工聚餐，一窝蜂笑闹着出了门，没有人叫你。你很生气，说今晚每个人都要加班到深夜，把今天的任务都完成了。结果，每一位员工都披星戴月地回家，第二天又继续懒散地应付，来了一个恶循环……

所以，我们忙碌时不能慌乱，应尽量避免陷入做事的误区，否则容易导致一连串的恶性循环。

谢文东召开会议讨论工作安排时，并没有说已经安排A老师做什么，B主任负责哪件事，而是跟大伙儿说："这次开学典礼是一个展示我们学校风采的机会，请大家好好把握。"由于谢文东有这样的表态，广大教职工都觉得自己很受尊重，就很乐意参与到活动中来。这么一来，大家并不觉得这是一个任务，而是一个展示自我的机会、一次锻炼自我的机会。有一位教师自告奋勇地担任负责人，统筹整个活动；有一位教师主动提出负责租借演出服装；有一位教师自愿去邀请嘉宾……

经过一番准备后，开学典礼取得了完满成功。但是问题又来了。一天，教导处主任急匆匆地找到谢文东说，由于疏忽，这学期的教材订错版本了，现在怎样处理？谢文东一听，并没有怒气冲冲地责备他，而是冷静地说："别紧张，人总有犯错的时候。事情已经发生了，你先去联系书店，要求他们尽快将正确版本发过来。我现在去和年级组长商量一下，制订一个应急方案。"开学之初，许多事情忙不过来，作为校长的谢文东却能不急不躁地与下属说话，愿意宽容下属的错误，并能镇定自若地想应急之策，我们大多数人都做不到这一点。很多人一旦遇到问题就会慌慌张张、冒冒失失，就像天要塌下来似的。其实完全没有必要那样，任何时候都不能乱了阵脚，你越紧张就越想不出办法，反而会让问题变得更加复杂，甚至偏离问题的核心，衍生出更多不必要的麻烦来。面对突如其来的事情，我们要做的第一件事，便是将情绪稳定下来，如此，才能冷静地想出解决方法。

相传春秋时期，楚王设宴招待群臣，席间美酒佳肴，歌舞妙曼，烛光摇曳。楚王也兴致高昂，命令他最宠爱的妃子许姬为群臣斟酒。

忽然一阵大风刮过，吹灭了所有的蜡烛，厅堂里漆黑一片。席上一位官员乘机摸了许姬的手。许姬一甩手，扯了他的帽带，匆匆回到座位上，并在楚王耳边悄声说："刚才有人乘机调戏我，我扯断了他的帽带，请大王赶快叫人点起蜡烛来，看谁没有帽带，就知道是谁了。"

楚王听了，连忙命令手下先不要点蜡烛，接着大声向各位臣子说："我今天晚上一定要与各位一醉方休。来，大家都把帽子脱了，痛饮几杯。”众人都没有戴帽子，也就看不出是谁的帽带断了。

后来楚王攻打郑国，有一位勇士独自率领几百人，为三军开路。他过关斩将，直捣郑国的首都。此人就是当年在宫中酒后失礼的那一位。他因楚王施恩于他，而发誓毕生效忠于楚王。

楚王表现出了一代霸主的大度。在当时男女授受不亲的社会风气下，受害人还是楚王的宠姬，楚王非但没有治这位臣子的罪，还想办法替他遮掩，这种胸襟，实在难得。

想想古人的作为，再想想我们自己。“人非圣贤，孰能无过。”很多时候，我们都需要宽容，宽容不仅是给别人机会，更是为自己创造机会。同样，领导者在面对下属的微小过失时，则应抱有宽容之心，这样做是为了保全他人的颜面和全局的利益。宽容也是重要的用人之道。作为领导者，必须能想得开、看得远，从发展的角度看问题，从大局考虑，得饶人处且饶人，对人才要学会宽容。

不管是好事还是坏事，谢文东总是能看到大家的优点，不斤斤计较，既能意识到不要踏进做事的误区，又懂得批评下属时要留情面，不纠缠于小错，而是直指问题的关键。当然，私下批评，不是不追究事情的前因后果，大事化小，小事化了，而是能不公开批评的则不公开批评，这样做不仅能维护下属的自尊心，产生的效果也会比当众批评好得多。

引领箴言：私下批评，不是不追究事情的前因后果，大事化小，小事化了，而是能不公开批评的则不公开批评，这样做不仅能维护下属的自尊心，产生的效果也会比当众批评好得多。

通过谢文东的言行可以看出，他的方法就是“表扬用喇叭，批评用电话”，这是谢文东常用的“武器”。这个“武器”的作用是让优秀者备受鼓舞，犯错者用心改正。

另外给大家一个提醒，不要在生气时做事，更不要在冲动时做决定，否则只会让事情变得更糟糕，甚至走向极端。请看下面这个故事。

从前，有一个坏脾气的男孩，他父亲给了他一袋钉子，并告诉他，每当他发脾气的时候就在后院的围栏上钉一根钉子。第一天，这个男孩钉下了37根钉子。慢慢地，每天钉下的数量减少了，他发现控制自己的脾气要比钉下那些钉子容易。这个男孩渐渐地学会了忍耐，也不乱发脾气了。他告诉父亲这件事情。父亲又说，现在开始每当他能控制自己脾气的时候，就拔出一根钉子。一天天过去了，最后男孩告诉父亲，他终于把所有的钉子都拔出来了。

父亲握着他的手，来到后院说："你做得很好，我的好孩子，但是看看围栏上的那些洞。围栏将永远不能回复到从前的样子。你生气的时候说的话就像这些钉子一样会给人留下伤疤，不管你说多少次对不起，那个伤口将永远存在。话语的伤痛就像身体的伤痛一样令人无法承受。"

你生气的时候所说的话就像钉子一样会给人留下伤疤。人与人之间常常因为一些无法释怀的坚持而造成永远的伤害。如果我们都能从自己做起，宽容地看待他人，相信你一定能收到许多意想不到的结果。为别人开启一扇窗，也能让自己看到更广阔的天空。

引领箴言：你生气的时候所说的话就像钉子一样会给人留下伤疤。人与人之间常常因为一些无法释怀的坚持而造成永远的伤害。如果我们都能从自己做起，宽容地看待他人，相信你一定能收到许多意想不到的结果。为别人开启一扇窗，也能让自己看到更广阔的天空。

临近开学，谢文东召开教学工作会议。在谈到课程安排的时候，忽然有一位数学教师提出她的课表排得相当不合理。谢文东问："您觉得哪里不合理呢?"这位教师听后好像很生气，"啪"的一声，用力把课表甩在了谢文东面前，说："您自己来上一上就知道了!"顿时，会议室里鸦雀无声，几十双眼睛齐刷刷地望着谢文东，等着"看好戏"。谢文东明白如果此刻与这位教师起冲突，结果势必难以收拾。为了缓和气氛，他说："今天的会议到此结束，课程安排的问题，我再找您谈。”会后，谢文东马上向教导处了解情况，知道这位教师确实比其他教师多上了几节课，就建议教导处给她调整一下。当天，谢文东就给了这位教师一个满意的答复。其实，散会之后，这位教师十分后悔自己当时太冲动，一直为自己的无礼和鲁莽而担忧。她想：也许自己不应该这么直接地跟上级对抗，而应找机会私谈。正当她焦灼不安的时候，邮箱弹出了一个新邮件的提示框。她用鼠标轻点了一个被命名为“新课表”的邮件，一看，原来是一份为她重新调整过的新课表。此时，她的内心是复杂的，既佩服谢文东的办事效率之快，又担心他是否会责怪自己的冒犯。一连几天，她都不敢跟谢文东直接碰面。直到一天在学校停车场碰见了谢文东，谢文东把她叫住了，问道“课表调整后，课上起来还行吗?”谢文东的不计前嫌让她有点儿不知所措，她不好意思地点点头。“我很欣赏你敢于维护自己权益的勇气，以后有什么事情开诚布公就好。”看到谢文东不但没有因为她的冲动而动怒，反而主动关心她的教学工作，这位教师一时既感激又羞愧，对谢文东又多了几分敬佩之情。

总的来说，谢文东做事避免了五个误区：第一，发号施令；第二，管不留情；第三，生气做事；第四，斤斤计较；第五，过度加班。

教育管理中有许多误区，一不小心就容易踩中“地雷”。有的人之所以能成为领导，是因为他每做一件事都经过认真思考，细心度量，尽可能地从长远出发，从大局出发。谢文东就是一个有全局观的人，正是凭着让学校更好地发展的信念，他坚持不懈地为学校品牌增值而努力，因为他知道管理好学校并不仅仅是为了今天，而是为了学校的明天。那么，接下来，谢文东有关引领潮流的要诀还有哪些呢?

要诀三　巧用“二八法则”

“二八法则”是意大利统计学家、经济学家维弗雷多·帕累托提出的，他指出，在任何特定群体中，重要的因子通常只占少数，而不重要的因子则占多数，因此只要能控制具有重要性的少数因子即能控制全局。这个原理经过多年的演化，已变成当今管理学界所熟知的“二八法则”——即80％的公司利润来自20％的重要客户，其余20％的利润则来自80％的普通客户。

许多世界著名的大公司都非常注重“二八法则”。比如，通用电气公司永远把奖励放在第一，但只奖励那些完成了高难度工作指标的员工，这样的奖励制度使员工们工作得更有效率，也更出色。摩托罗拉公司认为，在100名员工中，前面25名表现比较好，后面25名差一些，应该做好这两部分员工的工作。对于后25名员工，要给他们提供发展的机会。对于表现好的员工，要设法保持他们的激情。

你只要稍加注意，就会发现不管是大团队还是小团队，“二八现象”无处不在。因此，管理必须重视骨干（20％）的作用（80％），让这20％带动80％的发展。从人力成本的角度分析，这部分的人力成本是最低的，而产出是最高的。这20％的人员是团队的“领头羊”，是榜样，他们成长的速度将影响整个团队的成长速度，他们前进的步伐对整个团队将起决定性的作用。因此，重视这20％，将使管理获得80％的效率。

作为管理者，如何更好地发挥骨干的作用，让他们在工作中展示自己的能力，带动身边的人共同发展，是一个值得思考的问题。接下来，我们看看谢文东是怎样建立平台，依靠骨干教师带动大家往前走的。

谢文东知道任何优秀教师都是从普通教师成长起来的，所以，他特别注重对骨干教师的培养。我们都知道，教师是学校发展的资本，是学校最有潜力、最丰富的资源。谢文东充分发挥骨干教师的引领作用，借助他们的影响力促进其他教师的成长，推动学校教学质量的提升。因此，他为骨干教师建立工作室，提供培训、学习机会，切实发挥他们的示范、辐射、引领作用。经过多年的实践与思考，学校初步形成了一套骨干教师的培养模式：通过“引路子”“架梯子”“压担子”“结对子”等，努力促进教师“成名”“成优”，让骨干教师“茁壮成长”，以实现“以点带面，重点突破，全面开花”的局面。在做好“20%”的同时，谢文东也很重视“80%”，每学期开展的“三个一”活动便是举措之一：确定一个教研专题、上一节教学汇报课、制作一个教学课件。全体人员参与，全方位落实，提高大家学习的自觉性，促进大家的专业成长。例如，谢文东要求骨干教师上“引路课”，将富有创意的课堂展示给全体教师，然后让每位教师“立标、学标、达标”，进行学习借鉴。这样一来，骨干教师就带动了其他教师，促进了教师整体水平的提高，对学校工作的全面提升起到了积极的作用。

有一次，有位骨干教师上了一节公开课，她采用“学案导学”模式，充分发挥了学生的主体作用。她的教学设计“精雕细刻”，教学技能娴熟自如，赢得了大家的一致赞赏。但是，上课过程中这位教师发现了一个问题——有的学生课外阅读很少，便向谢文东建议学校应该开展课外阅读活动，以便拓宽学生的认知视野，丰富学生的知识存储，培养学生良好的阅读习惯。谢文东听了建议，认为举办课外阅读活动的确很有必要，于是决定举办“阅读节”活动。

谢文东为了保证学生有充足的课外阅读时间，就对学生的学习时间进行了调整；同时，要求骨干教师起带头作用，师生一起阅读，并研究有关课外读物与教材的关系，以便加强课内和课外的有机联系。就在做出这个决定后，有一个人代表部分教师站出来提出反对意见，这个人就是余副校长。

余副校长是一位经验丰富的领导，做事方式比较保守。余副校长担心此举会影响教学质量，劝说谢文东应三思。但是谢文东认为教育管理不能仅凭经验，而应克服经验主义，因地制宜，审时度势，把握教育的本质和内涵，做到从实践出发，按规律办事。后来，谢文东和余副校长等领导对“阅读节”的可行性进行了论证，一致认为“阅读节”不但有理论意义，还有实用价值。为了保证“阅读节”顺利进行，谢文东还挑选了几名骨干教师全程指导。一年后，“阅读节”产生了实效，学生的平均成绩在全区毕业统考中名列前茅。事实证明，教育管理没有经验不行，但如果仅仅满足于经验，一味凭经验去办事，也是不行的；毕竟经验再丰富，也不可能完全解决所有问题。作为管理者，还是要具体问题具体分析，既要分析社会大环境也要分析本校的实际情况。

引领箴言：教育管理没有经验不行，但如果仅仅满足于经验，一味凭经验去办事，也是不行的；毕竟经验再丰富，也不可能完全解决所有问题。作为管理者，还是要具体问题具体分析，既要分析社会大环境也要分析本校的实际情况。

后来，市教育局下发了一份有关开展“全民阅读”主题活动的文件，这与谢文东举办的“阅读节”不谋而合，只是谢文东提前一年就开始实施了。谢文东较早地开展阅读活动，说明他富有预见性，带领着全校师生走在了时代的前沿。后来，“阅读节”的规模不断扩大，内容不断充实，方式不断创新，影响日益扩大，成为学校的知名品牌，深受众人赞赏。

但是，其间也出现了一些意外情况。一位教师收到六年级一些学生对“阅读节”的不同看法，于是向谢文东反映：学生面临毕业会考，一方面既要顾及考试复习，一方面又要参加阅读活动，任务太重，应该妥善解决这个问题。谢文东听后马上召开会议讨论这个问题。余副校长等人提出：“学生精力有限，在六年级取消这个活动吧！”谢文东没有立即否定他们的意见，说：“六年级的同学有这方面的意见，我们一定要给他们一个满意的答复。但是，不能在六年级取消阅读活动，我们的目的不是学生目前的考试，而是学生以后的发展。阅读是拓宽孩子视野的重要途径，是开发孩子智力的重要方式，不能取消。对于考试，阅读也只有功，没有过。”经过一番深入讨论，学校决定六年级学生继续参与“阅读节”，稍有不同的是，缩短活动时间，调整阅读内容，改变参与方式。

谢文东是一个善于听取别人意见的人，但不是一味偏听偏信的人。他懂得从大局出发，择善而从。那么，谢文东为什么不在六年级取消“阅读节”活动呢？这里边其实有一个很高明的策略，就是不给任何学生特权，对所有学生一视同仁，否则，即使是再有意义的活动也很难举办下去。

关于这个策略，我给大家讲一个亲身经历的例子。我们家有四个兄弟姐妹，都特别贪玩。从我们上学的第一天开始，妈妈就给我们四个孩子定下规矩：我们做完作业后得看一个小时的课外书才能去玩耍。一开始，我们都很听话，认真遵守这条规定，后来因为哥哥是体育特长生，每天放学后都必须去训练，而且训练回来后喜欢逗我们玩。自然而然，我们也没多大耐心坚持看一个小时的书，渐渐地我们淡忘了这条规定，妈妈最后也不得不取消这条规定。

所以，聪明的人做事会考虑对全员“一视同仁”，要是轻易让一些人拥有“特权”，那么另一些人就会想方设法获得这个“特权”，如此一来，整个管理将失去秩序。美国心理学家詹巴斗进行过一项有趣的试验：把两辆一模一样的汽车分别停放在两个不同的街区，其中一辆停放在帕罗阿尔托的中产阶级社区，另一辆则摘掉车牌，打开顶棚，停放在相对杂乱的布朗克斯街区。结果怎样呢？停在中产阶级社区的那一辆，过了一个星期还完好无损；而停放在布朗克斯街区的这辆打开顶棚的车，不到一天就被偷走了。后来，詹巴斗把完好无损的那辆汽车敲碎了一块玻璃，结果仅仅几小时这辆车就不见了。

以这项试验为基础，美国政治家威尔逊和犯罪学家凯林提出了“破窗理论”。他们认为，如果有人打坏了一栋建筑上的一块玻璃，又没有及时修复，别人就可能受到某些暗示性的纵容，去打碎更多的玻璃。久而久之，这些窗户就给人造成一种无序的感觉，在这种氛围中，犯罪就会滋生、蔓延。“破窗理论”在社会治安综合治理以及反腐败中的作用是显而易见的，在企业管理中也有着重要的借鉴意义。许多人认为，这样做太简单，芝麻小事，没什么意义，而且兴师动众，没有必要。但是，一个企业产品质量是否有保障的一个重要标志，就是生产现场是否整洁。这是“破窗理论”在企业管理领域中一个直观的体现。更重要的可能在于，企业中对待“小奸小恶”的态度，特别是触犯企业核心价值观的一些“小奸小恶”，小题大做的处理是非常有必要的。

由上述可见，第一扇破窗常常是事情恶化的起点。我们在日常生活中常常遇到这样的情况。比方说，你分别到两位朋友家做客，朋友甲的家里窗明几净，地板上一尘不染。如果他忘了给你准备烟灰缸，你一定会在点烟之前请他帮你找一个烟灰缸，而绝不忍心让烟灰落在光亮的地板上。而朋友乙的家里是随处可见的尘土和纸屑，估计你也懒得让朋友给你找烟灰缸了，而是任由烟灰飞散，或是直接把烟蒂扔到地上。所以，“阅读节”能够红红火火地举办下去，成为学校的特色活动之一，和谢文东及时制止事情恶化的起点有直接关系，这也充分说明谢文东的精明引领。

骨干教师是一项重要的资源，是教师队伍中的精英，发挥骨干教师在教师团队中的示范与引领作用，放大骨干教师在教师团队中的榜样与教育作用，能有效地推动学校工作的全面开展，有效提升学校的教育质量。谢文东的策略就是巧妙运用骨干教师的力量，靠着这 20%的力量去影响、带动全校的发展。即使是一个简单的“阅读节”活动，谢文东也把它运用到极致，不仅让学生、家长重视阅读，而且对社会产生了一定的影响。谢文东就这样一步一步地引领大家向前进，一步一步达到目的。可以说，在引领方面，谢文东获得了成功。

第九章

追求引领的最高境界

在学校里，师生往往会对有能力、懂得引领的校长给予充分的信任。领导对这类校长也十分欣赏。有的校长既无法赢得师生的信任，也难以获得领导的欣赏，主要是因为做事保守、观念落后、亦步亦趋。那么，当我们接过学校的“帅印”时，应该怎样做呢？在这方面，谢文东就很了不起，为学校所想，为师生所思，不论是办学理念，还是管理能力，都显示了他高超的引领艺术，既赢得了师生的认同，又获得了上级的信任，为自己的教育事业增添了浓墨重彩的一笔。那么，谢文东究竟是如何引领学校发展的呢？我们从中又能得到怎样的启发呢？

一位教育专家说，当学生意识到你在教育他时，就意味着教育的失败。

不露声色的教育，适时、适当、适度的教育，可以使受教育者在不知不觉中受到影响并获得愉快的体验。“教育无痕”应是教育者追求的最高境界。因此，我们认为，引领的最高境界就是“润物细无声”，隐藏起教育的意图，采用潜移默化、不留痕迹的方式，不刻意追求固定的模式。谢文东以一种自然和谐的方式引领师生在不知不觉中向前走，不断取得进步。这既是一种简单的领导方式，更是一种美学的教育艺术，这正是我们追求的理想境界。

谢文东刚刚担任校长一职时，就想进行一次“儒雅教育”改革。他知道，办教育绝不能躺在前辈的功劳簿上，而要踩在前辈的肩膀上，大胆探索前辈没有发现的秘密。但是，在改革之初，他就遇到了阻力。“遇阻则强”是谢文东的性格，他和团队“总结—反思—创新”，总结前辈经验，结合时代要求，制订了切实可行的教育改革方案。

关于这次改革，谢文东是怎样发起的呢？谢文东认为，学校的改革和发展不能简单地靠移植、借鉴，而要靠自我觉醒、自我努力、自我提升。只有植根于学校实际，改革才能取得成效。首先，立足校本教育，从师生熟悉的本土文化着手，让师生回归本土文化，旨在利用家乡情怀进行无声息的教育，进行无声的引领；其次，在六年级成立“本土文化研究班”，在教师和家长的指导下以类似科学研究的方式开展“本土乐活动”，引导学生进行研究性学习。在此活动中，教师、家长既是学习者、合作者，又是支持者、引导者，与学生融合在一起。在谢文东的力推下，“本土文化研究班”推出了“湛江红土文化之海韵文化”“静听流年的声息”“舌尖上的湛江”和“走进湛江节日文化”等成果。

“湛江红土文化之海韵文化”以“海韵文化”为主题进行研究，分为八章，分别是湛江简介、许爱周先生的海之缘、跳水文化、海鲜之都、海上龙舟、湛江八景、海港文化、敬海扬善。

“静听流年的声息”以“湛江特色古建筑”为主题，分为三个部分：

第一部分是重返古建筑，倾诉旧时光；第二部分是参观与感想；第三部分是精彩回顾。

“舌尖上的湛江”以“湛江的美食”为主题，分为七章，分别是湛江饮食风俗的形成、湛江饮食的特点、湛江饮食习惯、湛江风味食品介绍、湛江的饮食传说、整理湛江美食节一览表、湛江饮食指南。通过了解湛江饮食的特点和湛江人的饮食习惯，探究湛江的饮食风俗形成的原因，收集湛江风味食品和关于湛江的饮食传说。

“走进湛江节日文化”以“湛江特色节日”为主题，分为两个部分，分别是“关于湛江年例的调查研究”“关于中秋东海人龙舞调查研究”。

这些研究成果既是学习方式的创新，又是文化的传承，更是一种不留痕迹的生命成长教育。

谢文东的教育改革为什么从师生共同研究本土文化开始呢？美国著名心理学家马斯洛在1943年提出“需要层次理论”，他认为，“归属和爱的需要”是人的重要心理需要，只有满足了这一需要，人们才有可能“自我实现”。而学校的归属感是学生在学校环境中得到老师和同学的接受、尊重和支持的感觉。De Vos和Dijkstra把学校归属感定义为，学生感觉到自己是班级或学校的重要一员、被他人接受、被他人认为有价值及与他人成为一个整体的一种情感。1999年，L. H. Anderman指出，学校归属感就是学生在一个特定的学校内感到自己是受人尊重的，是舒服的。2003年，他在原有基础上完善了对学校归属感的理解，认为学校归属感提及的是学生观察到的教学的社会背景以及他们认为自己在学校结构中的位置是怎样的一种感受。2005年，中国学者徐琴美等人指出，学校归属感是学生对自己所就读的学校在思想上、感情上和心理上的认同和投入，愿意承担作为学校一员的各项责任和义务，及乐于参与学校活动。大家都愿意去研究本土文化，愿意共同去探讨，就是因为这个归属感。

引领绝非一个简单地从对师生的全面控制到完全解放的过程；引领并不意味着管理者不作为，而是对师生的能力和素质提出了更高的要求。将引领渗透在活动、研究、课程等形式中，从虚无到实在，从理论阐释到实际行动，从静态复制到动态生成，这使教与学的过程变得更加灵动，师生的综合素质也得以进一步发展。

管理绝非单纯的控制，而是一种境界上的引领，在于无痕的“唤醒”，这是管理的核心所在，也是谢文东引领的独到之处。

所以，引领必须依据规律。这里有两个规律：第一个是“遵循自然”，以自然和谐的方式实施引领；第二个是“自由选择”，按个性成长进行引领。

我们先说第一个规律“遵循自然”。著名教育家卢梭的自然主义教育理论提到，遵循自然，跟着它给你画出的道路前进，顺应人的自然本性。

曾听过这样一个故事。有个孩子，对一个问题一直想不通：为什么他的同桌总是能考第一名，而他尽管也十分努力，但只能考全班第二十一名。回家后他问母亲：“我是不是比别人笨？我觉得我和同桌一样听老师的话，一样认真地做作业，可是，为什么我总比他落后？”

母亲不知该怎么回答他。又是一次考试，这个孩子考了第十七名，他又问了同样的问题。妈妈真想说，人的智力确实有三六九等，考第一名的人脑子就是比一般人聪明。但她知道，如果这样说，孩子也许从此就会认为自己是个愚笨的人。

儿子小学毕业了，虽然仍没赶上他的同桌，但他的成绩一直在提高。母亲为此带他去看了一次大海，就是在这次旅行中，这位母亲回答了儿子的问题。

后来，儿子以全校第一名的成绩考入了名校。母校请他给同学们及家长们做一个报告。其中他讲了小时候的一段经历：“我和母亲坐在沙滩上，她指着前面对我说：‘你看那些在海边争食的鸟儿，当海浪打来的时候，小灰雀总能迅速地起飞，它们拍两三下翅膀就飞入了天空。而海鸥总显得非常笨拙，它们从沙滩上飞向天空总要很长时间，然而，真正能飞越大海的是它们。’”这个报告使很多家长流下了眼泪，其中也包括他的母亲。

所以，我们认为，作为一位管理者，要想做到“无痕引领”，就需要遵循自然，从客观出发，这样就可以将引领的最大教育作用发挥出来。相反，如果你的意图张扬，具有很强的功利性，就很难得到师生的认可。

引领箴言：作为一位管理者，要想做到“无痕引领”，就需要遵循自然，从客观出发，这样就可以将领引的最大教育作用发挥出来。相反，如果你的意图张扬，具有很强的功利性，就很难得到师生的认可。

当然，校长要是放不下架子，不能用平等的对话者身份与师生沟通，那么就很难发挥影响的作用。管理是一项充满创造性的活动，不能仅对他人进行制约，而应通过引领来达成目标。它强调校长需要具备专业能力，尊重师生的自主权力，鼓励师生个性化发展。同时，注重整合多样化的力量来帮助、支持和发展学校。这种力量不仅来自学校内部，如教师、学生，也来自学校外部，如家长等，需要校长加以引领，使之成为用之不尽的教育资源。

我们再说第二个规律“自由选择”。著名教育家杜威强调，教育要理智自由，只有理智自由才是最重要的自由，只有具有理智自由的人才能获得更多的知识。在美国，有一个黑人青年，他在一个环境很差的贫民窟里长大。他的童年缺乏教育和引导，他跟别的坏孩子学会了逃学、破坏财物和吸毒。他刚满十二岁就因盗窃一家商店被逮捕；十五岁时因为企图撬开办公室里的保险箱，再次被逮捕；后来，又因为参与对邻近的一家酒吧的武装打劫，他第三次被送入监狱。

一天，一个狱警看到他在打垒球，便对他说：“你是有能力的，你有机会做些你自己的事，不要自暴自弃。”

年轻人反复思索狱警的这番话，做出了一个决定：虽然自己还在监狱里，但他具有一个囚犯能拥有的最大自由，他能够选择出狱之后干什么，他能够选择不再成为恶棍，他能够选择重新做人，当一个垒球手。

底特律垒球队当时的领队马丁在进行友谊比赛时访问过监狱，由于他的努力，这个年轻人获得假释出狱。不到一年，这个年轻人就成了垒球队的主力队员。

这就是一种无痕引领，是管理的最高境界，也是一个管理者重要的职责所在。当今，管理决不再仅仅局限于督促、检查和评价，更为重要的是引领。就是说，教育管理者要通过自己的一言一行、一举一动，通过一些细节、一些小事，打动和震撼广大师生的心灵，引导他们以更加高远的目光，摆脱功利的羁绊，使他们每个人都能够自觉地承担起自己应有的责任，自觉地维护好学校这片净土，把学校建成一个精神家园、科学摇篮、文化基地。

“引领”不仅包括教育艺术、规章制度、教学技能，更重要的是品德、人格、人性、智慧、行为等，管理者要最大限度地调动和发挥师生的积极性、能动性和创造性，构建一种宽松和谐、积极向上的环境。在一所学校，如果只有冷冰冰的管理制度，而没有管理者思想的引领，没有管理者行动的引领，是很难激发起师生心灵共鸣的，更不能产生以校长为代表的向心力、凝聚力和创新力。

引领的最高境界有三个层次。

第一，引领需要利用思维、智慧和气度去影响和感染师生，达到心灵与心灵的契合，灵魂与灵魂的对话。

第二，引领需要真正把管理落实到位，提高广大师生的综合素养，培养一大批道德高尚的教师，进行智慧与智慧的碰撞、生命与生命的互动。

第三，引领需要个体影响整体，共同实现目标。让师生学会做人，提高学习和自我教育的积极性、主动性、自觉性，掌握学习和自我教育的本领。

在这样一个不断变革的时代，教育管理者的引领不能仅仅停留在技术层面，还应该关注人的意识结构和价值取向，从心灵入手，以正确的世界观、人生观、价值观启发和引导师生，促使其不断前进。那么，在引领伊始，我们需要做哪些准备呢？在这方面，谢文东又有哪些高明的做法呢？

方法一　用心灵引领心灵

校长拥有权力之后，要做的第一件事就是引领，重要的是用心灵引领心灵。怎么引领？谢文东给我们展示了三个基本要点——尊重、真诚、沟通。

第一，尊重。我国著名教育家陶行知先生说：“真的教育是心心相印的活动，唯独从心里发出来的，才能打到心的深处。”不难领会，教育需要从心灵引领开始，否则，一切教育都无从谈起。谢文东多年的管理实践告诉我们，心灵引领的前提就是尊重。尊重师生的人格，尊重他们的权利，不自视高人一等，而应是发自肺腑的尊重，而且是无微不至、情不自禁的。比如，天气突然变冷，校长会及时提醒师生注意保暖，让他们感受到校长对自己是关心的；师生犯错了，为他们指点迷津，给予他们改正的机会。

第二，真诚。作为一校之长，应具有一种助人功能，进入师生的心田，主动关爱、引导与呵护师生心灵的成长；作为一校之长，有责无旁贷的责任与使命，例如，及时了解教师在工作上的困难，主动帮助；又如，教师犯了错误，应该给予宽容，正确引导，真诚地教育他们，帮助他们成长。

第三，沟通。人与人之间总是有一定的距离，这个距离不是物理距离，而是心理距离。管理的灵魂在于心灵交流、心灵契合与心灵共鸣，这就需要进行心灵沟通。通过沟通，大家可以走进、了解彼此的内心世界。管理重要的不是依靠命令约束，而是依靠心灵沟通。校长只有深入了解师生的所思、所需，才能使大家心悦诚服。如果无法与大家进行有效沟通，纵然有壮志雄心、盖世才华，也很难获得大家的支持，更不用说引领大家前进，进而取得成功了。因此，尊重、真诚、沟通是引领的基本要点。

那么，尊重、真诚、沟通这三点在心灵引领中是怎样开展的呢？

首先，懂得尊重。当问起在学校里谁最容易得罪人时，可能大家会不约而同地得出相同的答案——校长。不可否认，校长在学校里是管理人最多、接触人最多的人，其中免不了有所误解和磕碰。但这些在谢文东这里没有，相反，他赢得了大家的尊重和敬佩。他究竟是怎么做到的呢？我们一起来看一个事例。谢文东在开学之际，招聘了一位青年教师，这位青年教师精力充沛，个性张扬。一次，因为一个小误会，这位青年教师对学校产生了不满情绪，于是故意上课迟到。当他赶到班级时，发现谢文东正替他上课。谢文东非但没有批评他，反而告诉他课上到哪儿了，临走时还悄悄地告诉他："如果你对学校有什么建议，请与我直接谈，如果有道理，我会虚心接受的。"这位教师顿时怨气全消，感到十分羞愧。尊重是相互的，谢文东尊重师生，才赢得了师生的尊重。青年教师一时出现不良言行，是不成熟的表现，并不是本质不好。作为校长，应该宽容大度，以包容之心对待师生的过失，引导他们健康成长。通过此事，谢文东越来越深刻地体会到尊重、关爱师生的重要性。校长应该关心师生的生活，让师生享受应有的幸福，让他们把学校当作生活的家园、休憩的港湾。这本身就是一种无形的教育。

其次，懂得给予。用真诚去浇灌师生的心田。比如，学生犯错了，班主任处理不了就交给校长处理。谢文东一般不会批评学生，而是先分析学生行为背后的心理根源，耐心地帮助学生认识自己，细心引导学生改正错误。这样不仅不会伤害学生的自尊心，反而会增进彼此间的理解和沟通，赢得学生的充分信赖和尊重。

作为校长，谢文东的工作十分繁忙，但是每一位教师的性格、特长及生日，谢文东都记得。每当有教师过生日，或教师节、三八妇女节，他都不忘送上真心的祝福。虽然这只是小事，但大家都为他的真诚所感动。校长的真诚换来了大家的理解和尊重。这就是以情动情、以心换心的真情教育。

这不由地让我想起发生在纽约历史上第一位黑人州长罗杰·罗尔斯身

上的故事。罗杰·罗尔斯上初中时是一个让所有教师都头痛的孩子，只因为校长皮尔·保罗真诚地说了一句鼓励的话，“看你修长的手就知道，将来你一定是州长”，长大后他真的成为纽约州的州长。一句话有可能会改变一个人的一生，所以千万别吝啬你的肯定、真诚和称赞。俗话说：“亲其师，信其道。”正是谢文东毫无保留的真诚，师生才愿意听他娓娓道来，愿意学习他的优秀品质，才有了心灵引领的可能。

第三，懂得宽容。一天，谢文东路过教师办公室，听见里面正在热热闹闹地谈论着什么。他好奇地凑近一听，黄老师正发牢骚：“现在的教师真是不好当，每天起得比鸡早，吃得比猪差，干得比牛多，精神上还要受到折磨，各种评比考核就没让人消停过。当班主任更是苦不堪言，学生的大事小事全都得管，一个学期才给那么一丁点儿补贴。辛辛苦苦地把班级的成绩提高了，奖励却不多，学校真是太抠门了！”听了这话后，办公室里更热闹了，大家七嘴八舌地纷纷发表意见。“痛苦呀，没出路呀！”“房子也没着落。”顿时办公室内好像在开一场“吐苦水”大会，学校领导成了控诉的对象。

谢文东听了很难过，也很气愤，但是并没有气冲冲地冲进去把他们训斥一顿，而是回到办公室让自己冷静下来，思量着怎样解决老师们说的那些问题。仔细想想，大家顶着这么多压力，发发牢骚也是人之常情。但是，作为校长，怎么样才能让大家的心态变得积极、平和一点儿呢？谢文东决定召开领导班子会议，讨论制订奖励制度，激励全体教职工积极工作；同时，领导平时要多找大家谈心，给教职工多做做思想工作。

谢文东明白，遇到复杂问题时，需要做的就是真诚地关心教职工，了解他们的想法，倾听他们的心声，然后有针对性地改进。能为大家解决的就尽量解决，不能解决的也要向大家说明情况。这样处理，校长不仅不会失去人心，反而能获得大家的理解和支持。

因此，我们需要做一个有心人，通过心灵来引领大家前进，从而达到心灵的净化、心灵的成长。苏霍姆林斯基在《给教师的建议》中提到，教师面对的是儿童极易受到伤害的、极其脆弱的心灵，学校里的学习不是毫无热情地把知识从一个头脑里装进另一个头脑里，而是师生之间每时每刻都在进行的心灵的沟通。在每一位师生的心灵深处，都有一根独特的琴弦，拨动它就会发出特有的声音。要使他们和校长产生共鸣，就需要彼此的心弦对准音调，也就是将心比心，感同身受。

管理学也被认为是一种“人学”，它关注人的思想动态，倾听人的内心想法，引领人走向美好的未来。因此，先进的教育管理，能够给师生带来心灵的震撼、思想的洗涤和精神的愉悦，能让师生在学校中感受到快乐、享受到幸福，让师生的心灵始终沐浴着阳光、涌动着暖流。

方法二　用智慧引领智慧

谢文东“空降”到湛江市第八小学担任校长，既出人意料，又在情理之中。那时，有很多人都期待担任这所学校的校长，最后谢文东脱颖而出。对谢文东的到来，一开始大家只是出于服从组织安排，并未从内心认可。如何赢得尊重和树立威信？这很考验谢文东的智慧。

元旦临近，这是谢文东新上任后即将和大家一起度过的第一个元旦。为了丰富节日生活，谢文东精心策划了一个活动，准备与大家共同庆祝美好的节日。在全体教师例会接近尾声的时候，他将元旦活动方案公布了出来，大家无不拍手叫好。谢文东看到大家高兴的表情，会心地笑了。就在此时，有一位教师提议道：“要是能够给大家发一份礼物，那就更好了。”

这么一说，会场一下子变得乱哄哄的，大家叫好声一片，都举起大拇指称赞。接着，大家的目光齐刷刷地投向谢文东，等待着谢文东给一个答复。学校仅应付日常开支就已经捉襟见肘了，哪里还有多余的钱给大家发礼物呢？况且这也不符合学校的规定。谢文东应该怎么办呢？在具体做法上，谢文东确定了一个原则——“用智慧引领智慧”，接连使用了四个战术。

第一个战术叫“以退为进”。

什么是“以退为进”？我们先来看看发生在古代的一个故事。

汉代的公孙弘年轻时家贫，后来贵为丞相，但生活依然十分俭朴，吃饭只有一个荤菜，睡觉只盖普通棉被。就因为这样，大臣汲黯向汉武帝参了他一本，批评公孙弘位列三公，有相当可观的俸禄，却生活俭朴，实质上是使诈，是为了骗取俭朴清廉的美名。

汉武帝便问公孙弘：“汲黯所说的都是事实吗？”公孙弘回答道：“汲黯说得一点儿都没错。满朝大臣中，他与我交情最好，也最了解我。今天他当着众人的面指责我，正是切中了我的要害。我虽位列三公，生活水准却和普通百姓一样，确实是故意装清廉以沽名钓誉。如果不是汲黯忠心耿耿，陛下怎么会听到对我的这种批评呢？”

公孙弘面对汲黯的指责和汉武帝的询问，一句也不辩解，并全都承认，这是何等的智慧呀！汲黯指责他生活节俭是为了骗取俭朴清廉的美名，无论他如何辩解，旁观者都已先入为主地认为他也许在继续“使诈”。公孙弘深知这个指责的分量，便采取了十分高明的一招——不做任何辩解，承认自己沽名钓誉。这其实表明自己至少“现在没有使诈”。公孙弘的高明之处，还在于对指责自己的人大加赞扬，认为汲黯“忠心耿耿”。这样一来，便给皇帝及同僚们这样的印象：公孙弘确实是“宰相肚里能撑船”。既然众人有了这样的心态，那么公孙弘就用不着去辩解自己是否沽名钓誉了，因为这不是什么政治野心，对皇帝构不成威胁，对同僚造不成伤害，只是个人对清名的一种癖好，无伤大雅。

孙子说，作战如治水一样，须避开强敌的锋头，就如疏导水流；对弱敌进攻其弱点，就如筑堤堵流。那么，我们来看看谢文东是怎样使用这个战术的。

谢文东笑着对大家说：“这位老师说得挺有道理的，这确实是一个好提议，如果在这么喜庆的日子里，能为大家送上一份礼物，可谓锦上添花。我完全赞成。”大家一下子愣住了，压根就没想到谢文东竟然这么爽快就答应了，一时掌声如雷。难道谢文东真的不为学校的经费考虑一下吗？谢文东当然以学校利益为重，这叫“以退为进”。

谢文东采用的第二个战术叫“顺水推舟”。

谢文东继续说道：“在元旦佳节，为大家送上一份礼物的事，我是答应了。我送给大家的礼物是教大家太极操，大家赞成吗?”

谢文东的话音刚落，大家都异口同声叫好。对于教师来说，身体健康很重要，既轻松又有益的运动，就是很好的福利。

谢文东采用的第三个战术叫“以德报怨”。

那位教师本想将谢文东一军，不想反而陷入尴尬，大家都要跟谢文东学太极操，自己去也不是，不去也不是。谢文东见状，热情地邀请他和大家一起学太极操，说：“笑一笑，少十年；动一动，活百岁。来吧!”

说到这里，我们要分析一个心理学效应，叫作“墨菲定律”。“墨菲定律”是由爱德华·墨菲提出的，根本内容是“凡是可能出错的事有很大概率会出错”，是指任何一个事件，只要具有大于零的概率，就不能够假设它不会发生。它提醒我们：问题照旧会发生。容易犯错误是人不可避免的，人无完人。当你妄自尊大时，“墨菲定理”会叫你知道厉害；相反，如果你承认自己的无知，“墨菲定理”会帮助你做得更严密些。“墨菲定律”忠告人们：面对自身缺陷，我们要想得更周到、更全面一些，采取多种保险措施，防止偶然发生的人为失误导致的灾难和损失。归根到底，“错误”与我们一样，都是这个世界的一部分，狂妄自大只会使我们自讨苦吃，我们必须学会接受错误，并不断从中积累成功的经验。

在人生的旅途中，我们如果遇到坎坷，不要一味地怪罪别人，要从自己的身上找原因，不要把别人当成自己前进道路上的“绊脚石”，常常想着如何给别人制造麻烦，往往最后只会害了自己。

在教育管理中，难免会有下属对管理者存在不同看法。作为一校之长，不仅要用智慧巧妙地化解困局，而且要用智慧引领其成为自己的得力助手，充分发挥其优势，激发其工作热情。

谢文东采用的第四个战术叫“心服口服”。

谢文东考虑到这位教师的资深身份，如果不及时维护其威信，恐怕会不利于他以后工作的开展。为此，谢文东主动为他圆场。为什么这样做?

谢文东讲了两个道理。

第一，回到原点。两人初衷都是办好学校，为广大师生服务，而不是尔虞我诈，争第一。两人一心为大家好，为学校好，没必要为一件小事争得面红耳赤，否则会把管理团队搞成一盘散沙，得不偿失。

第二，取其所长。这位教师的教学能力较强，身上有很多地方值得大家学习。这么优秀的人才，岂能白白浪费呢？因此，谢文东希望他与大家同心同德，继续为学校服务。

所以大多数人评价谢文东的品格，常常用三个词——心胸开阔、精明强干、老成持重。

大家都知道，教育管理工作千头万绪，纷繁复杂，需要与许多不同类型的人打交道，只有拥有这种品格的人才能赢得大家的喝彩。于是，谢文东不断修炼自己，向着自己设定的目标努力，慢慢地成了具有这种品格的人。这就好像在我们生活中，你的性格一开始是很内敛的，不爱笑。可是你一旦下决心改变自己，要成为一个性格开朗的人，并每天坚持对着镜子大笑，对别人时常保持微笑时，慢慢地，你假装的开心、以为的开心，便会成为真正的开心，你的性格也会随之改变。积极的心理暗示，会使事情朝着好的方向发展。

引领箴言：每天坚持对着镜子大笑，对别人时常保持微笑，慢慢地，你假装的开心、以为的开心，便会成为真正的开心，你的性格也会随之改变。积极的心理暗示，会使事情朝着好的方向发展。

经过这件事后，谢文东并没有排斥疏远那位教师，而是以礼相待。在教学上，虚心地听取他的建议，而且放手让他干。那位教师感觉到自己受到重视，同时又有平台展示自己的才能，工作就更卖力了。

在团队里，校长要善于运用管理智慧，而且要用智慧去激发下属的智慧，使其为学校效力。如果可以，还应把管理的智慧与下属分享，引领他们学习先进的管理方法。但是单纯地分享智慧是不够的，还需要在行动上引领团队发展。

方法三　用行动引领行动

谢文东一直很重视家校合作，而且特别强调教师要认真做好家校工作，打造教育合力，共同促进学生的发展。此外，谢文东非常重视师德师风建设，严令禁止教师接受家长的礼品、礼金等，更不能以任何借口向家长索要财物。对违规的教师，一经查实，必定严格处罚。谢文东要求教师在与家长交往时，一定要抵挡得住诱惑，不拿家长的一针一线，对学生一视同仁、不偏不倚。

一次，谢文东在巡查学生早操时，发现学校门口还有一些班牌未送回教室，于是，就想找个学生帮忙把这些班牌都送回去，以便各班级使用。这时候，谢文东正好看见A同学，这是师生眼中的“调皮鬼”，正“胡乱”地做着早操。他灵机一动，请他帮忙把班牌送回各班级。不一会儿，A同学就完成了任务。谢文东心想，他没有像大家说的那么顽皮，于是就摸摸他的头，称赞他是好孩子，是校长的小帮手。谁知，第二天上午，谢文东正与几位教师在校长室商量事情，A同学的母亲就拎着大包小包的东西站在校长室门口，说有事求见校长。谢文东热情地邀请她进入校长室，其他教师见状纷纷借故离开。

原来，A同学生活在单亲家庭，缺乏父爱，比较叛逆，常常惹是生非，遭到教师的训斥，但是昨天获得了谢文东的表扬，就乐了一整天，变得特别乖巧。A同学的母亲对谢文东感激万分，因此特意跑来学校向谢文东致谢，并希望学校进一步加强对A同学的教育，促使他有更大的进步。说着她把两大包东西放下，希望谢文东能收下。还没等谢文东反应过来，她又从口袋里掏出一个“信封”塞到谢文东的手里，然后急忙转身离去。

谢文东急忙打电话给门卫，要求拦住A同学的母亲，说有事需要她帮一下忙，请她来校长室一趟。谢文东把东西归还给她，并说道："您的心意我们领了，这毕竟是我们的责任。之前未能给孩子适当的表扬，是我们工作的疏忽，对不起！但是请您放心，您的孩子就是我们的孩子，我们会尽最大的努力教育他、帮助他。"在谢文东的一再坚持下，家长只好收回自己的礼品和礼金。

与此同时，谢文东请来了A同学的几位科任教师，大家一起聊了聊A同学的情况，并讨论了怎样才能更好地有针对性地教育A同学。最后，谢文东对A同学的母亲说道："您今天带来这样的一个好信息，就是对我们工作莫大的支持。如果我们做得不好，恳请您多提宝贵意见。希望我们今后加强沟通与联系，一起为孩子的成长努力。"谢文东不仅拒绝了家长的礼品和礼金，还现身说法，给大家上了一堂生动的德育课。

谢文东如果收了家长的礼品和礼金，就是打了自己的嘴巴。自己向大家提出严禁收受家长的礼品和礼金的要求，但自己都做不到，还如何让大家信服呢？作为一校之长，只有做出表率，才能使广大教职工同心同德，共同维护学校的良好形象。再者，教育孩子是教育者的职责，不但应该做，而且必须做，没有任何理由收受家长的礼品和礼金。这种管理技巧就叫"用行动引领行动"。现身说法，用自己的行动去教育别人，这比规定更具力量。

燕昭王当上国君后，很尊敬有才能的人，还打算花重金招募人才。他希望能通过贤才之人的治国策略，达到强国富民的目的，为的是能报父亲被齐国打败的仇。

为此，他去请教郭隗。他对郭隗说："燕国危难的时候被齐国攻占，我自知燕国实力弱小，没有能力报复。我想寻找有才能的人来辅佐我，强大燕国，以报前耻，这个计划，你看应该怎么办呢？"

郭隗回答："我听说成就辉煌的君王拜贤臣为师，兴旺国运的君王把贤才当作好朋友，称霸一方的君王重用贤良的臣子，将要灭亡的国家则是把贤才当作奴仆。如果您能够谦卑地对待有才能的贤德之人，放下君王的架子虚心听从教导，那么超过自己能力百倍的贤才就会到来。"

百言不如一行。《庄子·天道》中说："语之所贵者意也，意有所随。意之所随者，不可以言传也。"说的大概就是这个意思。

谢文东借此机会教育大家，遇到这种情况应该怎么处理。大家听后，不得不佩服谢文东的真诚行为和坚定态度。

谢文东很明白这个道理。教师接受家长的礼品和礼金，不仅损害了教师的个人形象，而且损害了学校的社会形象，可谓得不偿失。

于是，在这次例会上，谢文东不仅加强了师德教育，使大家明白接受家长送礼的危害性，还特意出台了相关规定，严禁接受家长的礼品和礼金。此外，谢文东通过家长会议，让广大家长了解这项规定，让家长明白好学生不是送礼送出来的，教师真正需要的是家长的理解和支持，而不是礼品和礼金。

由此可见，谢文东能成功构建出儒雅学校，带领出儒雅教师，打造出儒雅学子，不外乎一个词——引领。

俗话说："一位好校长就是一所好学校。"教育管理是个复杂的系统工程，在这个系统工程中，校长是学校的"掌舵人""领头羊"，其决策和导向直接影响到一所学校的发展。校长不但需要具有引领力，还需要懂得引领大家前进。只有这样，才能不断走在时代前沿，引领广大师生走出一条具有本校特色的办学之路。

江苏凤凰教育出版社
《行知工程》系列丛书目录

系列	序号	书　　名	主编	定价
校长领导力系列	1	《学校教育提升的引领力》	谢文东　关敏华　王林发	30.00
	2	《校长智慧统筹的领导力》	谢耀丰　蔡丽姗　王林发	30.00
	3	《学校细节管理的执行力》	林文明　王林发	30.00
	4	《学校持续发展的研究力》	林文智　宋佳敏　王林发	30.00
	5	《学校和谐融洽的协作力》	陈一平　郭雪莹　王林发	30.00
	6	《学校团队成长的学习力》	黄纪　蔡美静　王林发	30.00
	7	《学校高效管理的创新力》	张旭	30.00
	8	《学校成功管理的决策力》	邱黎明	30.00
	9	《高品质学校生长要素》	王益民	30.00
	10	《校长高校教学领导力提升策略》	徐世贵　郭文奇	30.00
创新教学探索系列	11	《做童年面前最合适的人——我和孩子们的“童化语文”》	曹丽秋	30.00
	12	《品世界名画，学精彩作文——特级教师的“名画”作文教学法》	李日芳	36.00
	13	《玩出精彩作文——张化万活动作文教学经典策略》	张化万	35.00
	14	《〈红楼梦〉里的语文课》	李日芳	30.00
	15	《让学生把母语用精彩——“语用课堂”的探索与实践》	余小红	30.00
	16	《“备”出课堂精彩——备学式教学的课堂实践与思考》	张旭兰	30.00
	17	《神奇的阅读教室——带学生踏上美妙的阅读之旅》	李祖文	30.00
	18	《打造有生命力的课堂——“两步八环节”教学模式探索与实践》	查联智	30.00
	19	《最能培养学生探究能力的课堂——小学科学与信息技术单元整体课程实施与评价》	李怀源	30.00
	20	《最能激发学生运动天赋的课堂——小学体育单元整体课程实施与评价》	李怀源	30.00
	21	《最能提升学生艺术素养的课堂——小学艺术单元整体课程实施与评价》	李怀源	30.00
	22	《“生命语文”探索——焕发语文生命力的思考与实践》	王自成	30.00

系列	序号	书　　名	主编	定价
创新教学探索系列	23	《粘连作文教学：让习作成为有个性的自我建构》	黄瑞夷	30.00
	24	《备学式教学——在体验中建构数学思维》	单广红　范雪梅	30.00
	25	《向着自主进发——自主教育的创新实施智慧》	朱亚红	30.00
	26	《写中学——让学习更有效的学科写作教学》	钟传祎	30.00
	27	《小学科学实验总动员——大科学课堂有效提升学生创新力》	江美华	30.00
	28	《小学语文单元整体课程实施与评价》	李怀源	30.00
	29	《小学英语单元整体课程实施与评价》	李怀源	30.00
	30	《小学数学单元整体课程实施与评价》	李怀源	30.00
	31	《让教学更能激发智慧——“思维碰撞”课堂的建构与实施》	程和方	30.00
新思维系列	32	《让后进生学习有后劲之36计》	严育洪	30.00
	33	《教育中的“不一定”——打破教育的19种思维惯式》	严育洪	30.00
教师修炼系列	34	《与学生一起成长——90后教师的心路反思》	王　晗	30.00
	35	《教育，爱与宽容——教师心灵礼仪修炼》	许力争	30.00
教育家核心思想系列	36	《叶圣陶论写作》	叶圣陶 著 李怀源 选编	30.00
	37	《叶圣陶谈阅读》	叶圣陶 著 李怀源 选编	30.00
	38	《多元智能理论的本土化应用》	刘治富	30.00
	39	《大教育家最具施教力的教学思想》	白刚勋	30.00
教育求索系列	40	《欣说教育那“一亩三分地” ——一位一线教师的教育微思考》	王庆欣	30.00
	41	《爱的守望——一位一线教师对教育的坚守》	林卫红	30.00
	42	《思政教学的人文力量》	戴晓华	30.00
	43	《师道新说——给教育者的30条箴言》	徐　卫	30.00
学生心理解码系列	44	《在人生的春天播种——十四岁，写给青春的一封信》	白宏宽	30.00
	45	《孩子问题行为一点通 ——只有好老师才知道的学生心理谜底》	严育洪	30.00
校本研修系列	46	《徜徉语文教研》	肖俊宇	35.00
	47	《校本研修资源的开发与利用》	陈朝林	30.00
	48	《校本研修与教师专业成长》	吴积军	30.00
	49	《卓越教师经典研修成长策略》	刘天宝等	30.00
	50	《特色校本课程开发范例解读》	刘永平　李秀伟 张雪梅	30.00
	51	《高效校本研修模型构建艺术》	刘素雁	30.00
	52	《走向实践的教研——中小学教育科研引领与应用》	江　敏	30.00

系列	序号	书名	主编	定价
名校系列	53	《让每个孩子都成志——清华附小主题阅读课程的实施探索》	窦桂梅	30.00
	54	《让每个孩子都成志——清华附小主题实践课程的实施探索》	窦桂梅	35.00
	55	《向着朝阳走去——清华附小合作办学实践探索》	窦桂梅	30.00
精彩课堂系列	56	《给孩子更好的数学课堂》	易增加	30.00
	57	《小学生阅读素养的提升策略》	邵巧治	35.00
	58	《从语文素养走向生命成长——小学语文读写课堂教学密码》	曾海玲	30.00
	59	《真实的品德课》	朱淑秀	30.00
	60	《英语课堂学习共同体——新型的师生交互学习场》	杨延从	30.00
	61	《指导自主学习——初中数学学与教的研究与实践》	刘其武	30.00
	62	《玩出精彩的课堂——小学低年级教与学方式转变研究》	陶红松	30.00
	63	《让生命之花自主绽放——语文个性化教学建构策略》	商德远	30.00
	64	《让学生亲历知识——主体参与下体验式学习的实施策略》	何世祥	30.00
教育思想者系列	65	《高效教学的道与术——陶继新教育讲演录》	陶继新	30.00
	66	《名校之道——陶继新对话名校长（1）》	陶继新	30.00
	67	《教育，一切从孩子出发》	黄　俭	30.00
教育管理力系列	68	《缔造唯美教育——延奎小学素质教育实施策略》	易增加	30.00
	69	《让普通学校崛起的 20 个细节——“生命为本”教育团队成长密码》	李其玉	30.00
	70	《“走”出教育的精彩：走动式学校管理文化构建》	罗　军	30.00
	71	《校长兵法：学校管理四十六计》	皮大鹏	30.00
班级文化系列	72	《活力班级的文化建设》	胡　珏	30.00
	73	《做幸福的班主任》	吕　丽	26.00
高效能教学系列	74	《高效能教师的 10 个好习惯（中学卷）》	张　瑾	30.00
	75	《让作文落地生根——提高写作实效的教学策略》	黄桂林	30.00
	76	《高效能作文教学 5 项修炼》	陈步华	30.00
	77	《高效能校长的 10 个好习惯》	张　勤	30.00
	78	《高效能教师的 10 个好习惯（小学卷）》	谢　英	30.00
	79	《高效能语文教学 5 项修炼》	王其华	30.00
新课程探索系列	80	《语文新课程的批判与重建》	葛桂斌	30.00

系列	序号	书名	主编	定价
美国名师教学译丛	81	《美国名师游戏教学本土化应用：幼儿园》	（美）玛西娅 L. 泰特 著 胡珍　瞿菁　编译	30.00
	82	《美国名师游戏教学本土化应用：小学英语》	（美）玛西娅 L. 泰特 著 杨永华　张心影　编译	30.00
	83	《美国名师游戏教学本土化应用：小学数学》	（美）玛西娅 L. 泰特 著 谢艳红　编译	30.00
	84	《美国名师游戏教学本土化应用：小学科学》	（美）玛西娅 L. 泰特 著 刘丽萍　编译	30.00
	85	《美国名师游戏教学本土化应用：小学社会》	（美）玛西娅 L. 泰特 著 姜梅芳　编译	30.00
	86	《美国名师游戏教学本土化应用：小学音体美》	（美）玛西娅 L. 泰特 著 尹立志　编译	30.00
鲁派名师名校·教育探索者系列	87	《悦读立人——校园阅读文化体系构建策略》	杨世臣	30.00
	88	《教育智慧何处来——一位特级教师的思考手记》	付立金	30.00
	89	《和雅文化——校本课程的创新构建》	汤善香	30.00
	90	《让个性绽放精彩——学校课程体系整合与创生》	谢建伟　徐淑萍	30.00
	91	《让每个学生都幸福——最能润泽生命的学校文化建设》	谢建伟　张新喜	30.00
生态化校园系列	92	《文化管理——构建生态和谐校园的必由之路》	付全新	30.00
	93	《点燃学习的激情——构建校园生态化学习型组织》	杨树岳	30.00
	94	《课改突围——构建学校生态化教学体系》	杨树岳	30.00
教育新思考系列	95	《语文教育向何处去》	王　丛	26.00
	96	《教育，就是做好普通的事》	孙志毅	27.00
	97	《走出语文的偏见——让学生体悟文本的原义》	丛智芳	30.00
	98	《让语文教学更高效——批注式阅读教学探索》	韩中凌	30.00
	99	《读写互促——探寻学以致用的语文教学》	曹　龙	30.00
	100	《跳出数学教数学——用文化融通数学教学》	马建秀	27.00
名师感悟系列	101	《让心灵伴着歌声成长——22位音乐名师的教育智慧》	陈　璞	30.00
	102	《超越自我的教师——32位名师的成长感悟》	李卫东　李秀伟	35.00
	103	《心灵的守护者——19位名班主任的教育智慧》	王晓松　曲文弘	30.00
	104	《名师感悟班主任有效工作艺术90例》	符礼科	30.00
	105	《名师感悟有效教学90例》	林高明　徐玉烟	30.00
信息化教学系列	106	《巧用白板教语文——信息技术与语文教学操作指南》	蒋丽清	30.00
	107	《跨越式实现高效课堂 ——信息技术与课程整合高效教学方案评析》	陈　玲　刘　禹	30.00

系列	序号	书名	主编	定价
教师必读系列	108	《教师必学的16堂修养课》	武宏伟	30.00
	109	《教师不可不知的教学心理效应》	叶勇军	30.00
	110	《班主任不可不知的管理效应》	奚一琴	30.00
	111	《教师不可不知的教育心理效应》	孙　媛	30.00
	112	《校长不可不知的管理效应》	谢申刚　张金豹	30.00
	113	《成为好教师的7项修炼》	王福强　李维华	30.00
	114	《如何让学生会学习》	龙　冰	30.00
	115	《如何让学生爱学习》	周震宇　许小燕	30.00
核心教学主张系列	116	《新生代语文名师核心教学主张》	许友兰	30.00
行思讲坛系列	117	《灵动而朴素地教语文——潘文彬的微格教育生活》	潘文彬	30.00
	118	《师爱无疆——润泽学生心灵的教育故事》	侯忠彦	30.00
	119	《怎样反思更有效 ——促进教师专业发展的反思策略》	诸贝贝	30.00
	120	《成为高度自觉的教育者——写给后课标时代的数学教师》	许卫兵	30.00
	121	《哲思数学课》	刘全祥	30.00
	122	《智慧数学课——黄爱华教学思维的实践策略》	黄爱华	30.00
	123	《童趣数学课》	徐　芳	30.00
	124	《把学生教聪明》	严育洪	30.00
	125	《教师最应该规避的教育误区》	杨坤道	30.00
	126	《用语文的方式教语文——潘文彬教学主张与实践智慧》	潘文彬	30.00
	127	《怎样让阅读教学更有效 ——提升教学能力的十种读诵模式》	汪秀梅	28.00
	128	《让生命在润泽中起舞 ——当代小学生最需要的主题班会》	吴联星　罗　琳 冯卫东	30.00
	129	《让生命欢快拔节 ——当代中学生最需要的主题班会》	冯卫东　吴联星	30.00
	130	《课堂因生成而精彩——高效教学的生成智慧》	张文质	30.00
	131	《回到每一个人的生命化教育 ——张文质二甲中学教育行动录》	张文质	30.00

系列	序号	书名	主编	定价
中国教育变革之路丛书	132	《百年树人师何为——教师队伍建设困顿与出路》	将丽珠　李玉向	30.00
	133	《入园何时不再难——学前教育困惑与抉择》	曾晓东 范　昕　周　慧	30.00
	134	《三尺书桌何处寻——流动人口子女教育困难与破解》	范先佐	30.00
	135	《苦旅何以得纾解——高考改革困境与突破》	郑若玲	30.00
	136	《择校纠结何时了——择校问题困局与治理》	曾晓东　周文海 曾娅琴	30.00
创新教学思想系列	137	《“大问题”教学的形与神》	黄爱华　张文质	30.00
教育漫笔系列	138	《课堂，诗意地栖居》	吴书华	30.00
教学提升系列	139	《有思想地教阅读——让学生学会品读文字真意》	王学东	30.00
教育艺术提升系列	140	《藏在师生体态语言里的教学智慧》	张　宇　廖生波	30.00
教学全手册系列	141	《小学习作教学全手册》	郭家海	30.00
	142	《中学写作教学全手册》	郭家海	30.00
	143	《情境教学操作全手册》	冯卫东	35.00
	144	《合作教学操作全手册》	李春华	35.00
	145	《探究教学操作全手册》	周新桂	35.00
	146	《自主教学操作全手册》	诸葛彪	35.00
	147	《创新教学操作全手册》	王　玮	35.00
	148	《班主任工作全手册》	刘沛华	35.00
	149	《新教师工作全手册》	周震宇	35.00
	150	《学生心理健康教育全手册》	刘海莉　刘春杰	35.00
	151	《高效教学操作全手册》	马友平	35.00

系列	序号	书　名	主编	定价
创新人才培养系列	152	《创新人才培养校园科普精品课程开发与指导——人大附中创新人才培养》	罗　滨	30.00
	153	《创新人才培养特色校本课程开发与创新人才培养——清华附中“国际安全下的科学技术”课程构建与实施》	王殿军　方　研 赵宏雁	30.00
	154	《创新人才培养：学校实验室建设与管理》	刘克文 杨发丽　杨　平	30.00
	155	《创新人才培养：数学探究活动开发与指导》	马云朋　韩继伟	30.00
	156	《创新人才培养：化学研究活动开发与指导》	王　磊	30.00
	157	《创新人才培养：物理探究活动开发与指导》	廖伯琴	30.00
	158	《创新人才培养：地理探究活动开发与指导》	张建珍　陈　澄	30.00
	159	《创新人才培养：生物探究活动开发与指导》	张迎春	30.00
	160	《创新人才培养：理念探索与思维突破》	王晶莹	30.00
新生代通派名师系列	161	《简约数学教学》	许卫兵	30.00
	162	《语文教学的本真——情意课堂展现母语之美》	吴建英	30.00
	163	《语文课堂的理想追求——欢快达成三维目标》	董一红	30.00
	164	《阅读教学的真髓——意象构建读出文学的真美》	祝　禧	30.00
	165	《美术教育的真谛——审美人生教育让生命绚丽成长》	陈铁梅	30.00
	166	《语文教学的理想境界——无痕教学润泽生命》	李　凤	30.00
	167	《儿童作文的本义——嬉乐作文让儿童乐并成长着》	王笑梅	30.00
	168	《名师是怎样炼成的》	王建明　王笑君	35.00
幼师成长系列	169	《幼儿行为背后——教师如何读懂幼儿的心思》	吴亚英	30.00
	170	《最具教育力的22种幼儿教育思想》	杨　达	30.00
	171	《幼儿教师必知的安全应急措施》	杨　达	30.00
	172	《幼儿教师必备的教育技能》	李　玲	30.00
	173	《卓越园长21条幼儿园管理策略》	周　丹　江东秋	30.00